구상문학총서
제3권 連作詩

개 똥 밭

구상문학총서
제3권 連作詩

개똥밭

글쓴이 **구상**
펴낸이 **이재철**
만든이 **정애주**

편집 옥명호 정성수 이현주 한미영 이경희
제작·미술 홍순흥 권진숙 서재은
영업 오민택 백창석
관리 이남진 박승기
총무 정희자 김은오
쿰회원관리 이순이 국효숙

펴낸날 2004. 2. 12. 초판 1쇄 인쇄
        2004. 2. 20. 초판 1쇄 발행
펴낸곳 주식회사 홍성사

1977. 8. 1. 등록 / 제 1-499호
121-885 서울시 마포구 합정동 377-9
TEL.02)333-5161 FAX.02)333-5165
http://www.hsbooks.com E-mail:hsbooks@hsbooks.com

ⓒ 구상, 2004

ISBN 89-365-0659-5
값 17,000원   ※잘못된 책은 바꿔드립니다.

제 3 권 連作詩

개똥밭

홍성사

일러두기

1 원문에서 한자로만 표기된 글자는 한글과 병기하였고, 의미 소통에 문제가 없는 부분은 한글로
   바꾸었다.
2 한글 맞춤법과 외래어 표기법에 맞지 않는 부분들은, 저자의 의도를 최대한 살리는 데 원칙을
   두되 일부 수정을 거쳤다.
3 본문에 나오는 각주는 모두 저자 주이다.

차례

自序

아마 나는 한국에서 연작시를 의도적으로 시도한 효시의 사람일 것이고, 또 가장 많이 쓰기도 하였을 것이다. 그 이유인즉, 나같이 머리가 지둔(遲鈍)한 데다가 끈기마저 없는 사람은 촉발생심(觸發生心)이나 응시소매격(應時小賣格)으로 시를 써 가지고선 도저히 사물의 실재를 파악하지 못할 뿐 아니라 존재의 무한한 다면성(多面性)이나 복합성을 조명해 내지 못하기 때문에, 한 제재를 가지고 응시를 거듭함으로써 관입실재(觀入實在)에 도달하려는 의도에서라고 하겠다. 또한 이러한 한 사물이나 존재에 대한 주의집중에서 오는 투시력은 곧 모든 사물이나 존재에 대한 투시력을 획득할 수 있으리라는 열망에서라고 하겠고, 이의 실천에서 어느 정도 자기 나름의 성과를 거두고 있기도 하다.

이 연작시전집 제1부에 수록하는 〈초토의 시〉는 1950년 한국전쟁의 비극을 인류의 보편적 차원에서 증언해 놓은 것이며, 제2부 〈까마귀〉는 1970년대 이후 물질만능과 기능주의로 치닫는 시대상황에 대한 경보(警報)를 우유(寓喩)로 쓴 시편들이며, 제3부 〈밭 일기〉는 1960년대 내가 해방 후 탈출 월남을 비롯하여 한국전쟁과 4·19까지를 거치면서 현실참여에 너무나 행동적으로 기울어져 자신의 삶이 문학 작업에서 이탈된 것을 깨닫고 시 창작에 전념과 복귀를 위한 자기 훈련 삼아 인간의 원초적 삶의 터전인 밭에다가 상념을 집중시켜 써 본 것으로 생성과 소멸이 번다한 밭은 그 자연적 서경이나 서정의 실사(實寫)만으로도 다채로워 나의 시작 훈련에 크게 도움이 되었으며, 제4부 〈그리스도 폴의 강〉은 저 밭과는 달리 생성과 소멸이 잘 눈에 띄지 않는 사물과 존재의 내면적 실재에 대한 인식의 추구로 1980년대 중반에 완성하였었고, 제5부 〈유치찬란〉은 일상사(日常事)를 초탈한 인간의 순진한 마음의 상태를 헤아려 보고자 선화가(禪畵家) 중광(重光) 스님의 그림을 곁들여 연재하였던 것이다.

2003년 늦가을,
觀水齋 主人 적음

제 1 부

○

초토의 시

1

판잣집 유리딱지에
아이들 얼굴이
불타는 해바라기마냥 걸려 있다.

내려 쪼이던 햇발이 눈부시어 돌아선다.
나도 돌아선다.
울상이 된 그림자 나의 뒤를 따른다.

어느 접어든 골목에서 걸음을 멈춘다.
잿더미가 소복한 울타리에
개나리가 망울졌다.

저기 언덕을 내려 달리는
소녀의 미소엔 앞니가 빠져
죄 하나도 없다.

나는 술 취한 듯 흥그러워진다.
그림자 웃으며 앞장을 선다.

2

제 먹탕으로 깜장칠한 문어 한 마리를 무릎에 싸안고서 어르고 있는 광경이라면 모두 웃음보를 터치리라.

그러나 앞자리의 마주 자리잡은 나의 표정은 굳어만 갔다.

"정식아! 볶지 마아, 빠빠에게 가면 까까 많이 사 줄게."

이건 또 너무나도 창백한 아낙네가 정식이라고 이름 붙은 검둥애에게 거의 애소에 가까운 달램이었다.

자정도 넘은 밤차, 희미한 등불 아래 손들의 피곤한 시선은 결코 유쾌한 눈짓이 아니었고 칭얼만 대는 검둥애의 대가리와 울상이 된 그 엄마의 하이얀 이마 위 땀방울이 유난히 빛나고 있었다.

나는 이 뒤틀어대는 흑백의 모자상(母子像)을 보다 못해 호주머니를 뒤져 전송나왔던 친구가 취기 반으로 사주던 '해태캐러멜'을 꺼내 까서 녀석에게 넌지시 권해 본다.

아니나 다를까, 적중이었다. 녀석은 흑요석(黑曜石)보다도 더 짙은 눈을 껌벅이며 깜장 손으로 냉큼 잡아채어 입에 넣더니 제법 의젓해지지 않는가.

두 개, 세 개, 네 개, 이제는 아주 나의 무릎으로 슬슬 기어오르며 이것만은 차돌같이 흰 이빨을 드러내어 웃어 반기는 것이다.

여기에 이르면 안 논다는 재주 없다. 눈물이 글썽하여 연신 미안스러워 하는 아낙네에게서 녀석을 아주 받아 안고 동물원에 가서 원숭이 놀리는 그 꼬락서니가 되어 캐러멜과, 애새끼와 있는 재주를 다 피워 얼러댄다.

이러는 사이에 어처구니없는 풍경이 되어 버렸다. 뜻하지 않은

나의 구조(救助)를 넋없이 바라보던 아낙네가 신명(身命)의 고달
픔이 차고 말았던지 사르르 잠들어 버리고 그렇게 날치던 애새끼
역시도 이제는 어지간히 흡족했던지 내 품에서 쌕쌕 코를 고는
것이 아닌가.

  꼼짝없이 검둥이 애비 꼴이 된 나는 헤아릴 수 없는 심정 속에
서 그 채로 눈을 감고 만다.

  나의 머리에는 이 녀석의 출생의 비밀이 되었을 지폐 몇 장이
떠오른다.

  이 검둥이의 애비가 쓰러져 숨졌을 우리의 어느 산비탈과 어쩌
면 그가 살아 자랑스레 차고 갔을 훈장을 떠올려 본다.

  저 아낙네의 지쳐 내던져진 얼굴에서 오늘의 우리를 느낀다.

  숨결마저 고와진 이 무죄하고 어린 생명을 안고서 그와 인류의
덧없는 운명에 진저리친다.

  차는 그대로 밤을 쏜살같이 뚫어 달리고 손들은 모두 지쳐 곤
드라졌는데 이제는 그만 내가 흑백의 부자상(父子像)이 되어 이마
에 땀방울을 짓는다.

3

내 가슴 동토(凍土) 위에
시베리아 찬바람이 살을 에인다.

말라빠져 엉켜 뒹구는 잡초(雜草)의 밭
쓰레기 구덩이엔
입벌린 깡통, 밑나간 레이션 박스,
찢어진 성조지(星條紙), 목 떨어진 유리병,
또 한구석엔 총 맞은 삽살개 시체,
전차(戰車)의 이빨자국이 난 밭고랑엔
말라 뻐드러진 고양이의 잔해,

저기 비닐 온상(溫床) 같은 천막 앞
피묻은 바지가랑이가 걸린
철망 안을 오가며
양키 병정이 휙휙 휘파람을 불면
김치움 같은 땅 속에서
노랗고 빨갛고 파란
원색의 스카프를 걸친 계집애들이
청개구리들처럼 고개를 내민다.

하늘이 갑자기
입에 시꺼먼 거품을 물고

갈가마귀 떼들이 후다닥 날아
찌푸린 산을 넘는데

나의 잔등의 미칠 듯한 이 개선(疥癬)!
나의 가슴을 치밀어 오르는 이 구토(嘔吐)!
어느 누구를 향한 것이냐?

4

　대낮부터 한잔들 어울려 곤드레가 된 프로페서 H군의 뒤범벅
인 이야기가
　—인류는 이미 자멸의 공포와 절망 속에 떨고 있다.
　이쯤 나오자 일행, S기자와 나는 그를 부축해 어깨동무하고 나
선다.
　뒤이어 한 목로에서 연방 들이마시던 막벌이꾼패도 같은 행길
위에 갈지자(之字)를 놓는다.

　서산에는 아직도 태양이 빨가장이 타고 있는데
　이 눈물나는 족속들은 땅으로 땅으로 떨어져만가는 고개를 뒤
틀어 제껴 보았댔자

　머리로 가슴속으로 스미어 드는 짙은 어둠은
　마치 먹 풀은 하늘 울타리에 호박뎅이가 걸린 양만 보여 웬수
로다.

　인류는 요모양으로 우주(宇宙)보다 먼저 밤을 장만하는지야.

5

비몽사몽간(非夢似夢間)이랄까!

난데없이 팔에다 '불(弗)'이라는 노란 완장을 단 녀석이 먼저 나를 가로타고 사지(四肢)를 꽁꽁 묶기 시작하자 이번엔 '해방(解放)'이라는 붉은 완장을 단 녀석이 나타나 숫제 나의 목을 졸라매는 것이 아닌가.

나는 숨져가며 허위적대면서도 녀석들의 정체를 알아맞히기에 기를 써 보았으나 노상 익숙히 보아온 얼굴들이건만 요놈들의 실체가 무엇인지, 나를 압살(壓殺)하는 이유가 무엇 때문인지 끝내 모르는 채 기절하고 말았다.

순간! 이것이 아마 유명(幽明)을 가르는 순간인가 보다. 천공(天空)엔 성신강림(聖神降臨)*의 불혀 같은 불덩이로 꽉 차 있고 나는 지구와 더불어 개미 쳇바퀴 돌 듯 마구 돌아가고 있었다.

어지러워, 어지러워, 아이고 어지러워, 어머니, 아내, 또 누구를 부르고 소리치고 울어도 대답은커녕 그 얼굴들마저 영영 떠오르지 않아 안타깝고 답답함이 불가마 속인데,

홀연, 내 호주머니의 묵주(默珠)*가 매괴(玫瑰)*의 꽃을 피워 아련히 떠오르는 바람에 '성모어머니 나를, 나를!' 하고 소리 안 나는 절규를 발한 다음 순간,

어느 영화의 한 장면에선가, 실락원(失樂園)의 그림에선가 본 그런 꽃동산 정자(亭子)에서 나는 모시고이적삼 차림으로 방금 출옥한 사람처럼 흥분과 휴식을 즐기는데

쾅, 쾅!

포탄 터지는 소리에 눈을 뜨면 칸델라 불빛 막사 안 철의자에 앉은 그대로구나.

● 성신강림 : 예수가 승천 후 그 제자들에게 불혀 모양의 성령(聖靈)이 내렸다고 함.
● 묵주 : 가톨릭의 염주.
● 매괴 : 장미의 중국식 이름임. 그래서 가톨릭에서는 묵주의 기도를 성모에게 바치는 장미의 꽃다발로 삼아 매괴경(玫瑰經)이라 부름.

6

제1경

  행길 위에 머슴애들이 우 몰려가 수상한 차림의 여인 하나를
에워싼다. 돌팔매를 하는 놈, 쇠똥, 말똥을 꿰매 달아 막대질을
하는 놈,

  "양갈보" "양갈보" "양가—ㄹ보"

  더럽혀진 모성(母性)을 향하여 이들은 저희의 율법(律法)으로
다스리려는 것이다.

  "내가 늬들 에미란 말이냐? 양갈보면 어때? 어때!"

  거품까지 물어 발악하는 여인을 지나치던 미군 지프가 싣고 바
람같이 흘러간다. 아우성소리만 남고.

제2경

  짙게 양장한 여인이 지나간다. 꼬마들은 눈을 꿈벅꿈벅 한다.

  한 녀석이 살살 뒤를 밟아 여인의 잔등에다

  '일금 3천 원(圓)야' 라는 꼬리표를 재치 있게 달아 붙인다.

  "와하" "와하하" "와하하하"

  자신들의 항거로서는 어쩔 수 없음을 깨달은 꼬마들이 자학을
겹친 모멸의 홍소(哄笑)를 터뜨린다.

  여인은 신 뒤축을 살펴보기도 하고 걸음새를 고쳐보기도 한다.

  그러나 그녀가 사라지기까지

  "와하" "와하하" "와하하하"는 그치지 않는다.

제3경

이러한 짓궂은 장난도 얼마 안 가 뜸하여지고 판자막(板子幕) 어두컴컴한 골목길에는 군데군데 꼬마들이 누구를 기다리고 서 있다.

흑백의 모주 병정들이 어른거릴 양이면 그 고사리 같은 손으로 억센 팔들을 잡아끄는 것이다.

"헬로! 오케?" "마담, 나이스!" "나이스, 오케?"

지폐 맛을 본 꼬마들은 이 참혹한 현실을 그들대로 활용하게끔 되었다.

7

시인(詩人)과 창녀(娼女)는 굴(窟)을 나선다.
장맛비를 기화로 시인이 산책을 제안했던 것이다.

아침 다섯 시. 억수빗발에 행길은 개 한 마리 얼씬거리지 않아
우리를 다행(多幸)케 했지만 발목까지 적시는 흙탕물 속을 가야
만 했다.
　―아메요 후레 후레, 나야미오 나가스마데*,
무심중 중얼거리며 시인은 향방이 없다.
　―어디로 가지?
　―몰라요!
너,
나,
전쟁,
조국,
인생,
우리는 모두 너무나 모른다.

무턱 가다 언덕길에 올라선다.
교회당, 성모상이 흐느끼고 있다.
베르렌느의 고죄(告罪) 광경이 떠오른다.

　―이제는 그만 돌아가지?

─네, 또 오세요.
우리는 간밤 한자리 꿈의 미련도 없이 갈린다.

시인은 창녀의 처량한 뒷모습을 바래며 악에도 저렇듯 신비가
감싸여 있음에 놀란다.
종루(鐘樓)에 갇힌 비둘기들이 영혼의 신음소리를 낸다.

● 아메요 후레후레, 나야미오 나가스마데 : 일본 유행가의 한 구절. '비야 내려라 퍼부어
라. 내 괴로움을 씻어 내리기까지' 란 뜻.

8

시인은 어깨나 재듯이 친구 하나를 끌고 호기 있게 들어선다.

창녀는 반갑고도 사뭇 미안스러워 어쩔 바를 모른다.

방에 들어 흘깃하면 송(松) · 학(鶴) 수틀 아래 합장한 아기 예수의 흰 석고상이 매달려 있다.

시인은 올 적마다 쓰디쓴 웃음을 풍기며

—이건 네 아이 얼굴인가?

퉁겨 묻고는

—너도 막달레나가 되려나?

혼자 중얼거린다.

진로(眞露) 한 병과 마른 오징어 한 마리가 상 위에 얹혀 들어온다.

겹친 술을 한두 잔 켜고 나서는 이제 남은 흥정을 붙여야 했다.

—이 친구 색시 하나 똑 딴 것으로 데려와!

—아주 마음 좋은 사모님으로 말이야!

—빨랑 빨랑, 졸려!

호통에 못 이겨 부스스 일어서 나간 창녀는 잠시 후 방문을 빠끔히 열고는 눈짓으로 시인을 불러내 간다.

—저, 저어, 저 손님 다리 하나 없으시죠?

—그래, 왜 그래? 상이용사야!

—아마 딴 애들은 안 받을 거예요. 그래서 선생님 형편이라면 제가 모시죠.

—으음.

시인은 이 최상급의 선의(善意) 앞에 흠칫 놀라면서
—그래, 그래야 나도 새 장가 들지!
하고 얼버무려 버린다.
악의 껍질 같은 칠흑 어둠이 덮인 창굴(娼窟) 마당에다 시인은
오줌을 깔기면서 이 굴속에도 비록 광채는 없으나 별과 시(詩)가
깃들어 있음을 따스하게 여긴다.

9

땅이 꺼지는 이 요란 속에서도
언제나 당신의 속삭임에
귀 기울이게 하옵소서.

내 눈을 스쳐가는 허깨비와 무지개가
당신 빛으로 스러지게 하옵소서.

부끄러운 이 알몸을 가리울
풀잎 하나 주옵소서.

나의 노래는 당신의 사랑입니다.
당신의 이름이 내 혀를 닳게 하옵소서.

저기 다가오는 불장마 속에서
노아의 배를 타게 하옵소서.

그러나 저기 꽃잎모양 스러져 가는
어린 양들과 한가지로 있게 하옵소서.

10

조국아, 심청(沈淸)이마냥 불쌍하기만 한 너로구나.
시인이 너의 이름을 부를 양이면 목이 멘다.

저기 모두 세기(世紀)의 백정(白丁)들,
도마 위에 오른 고기모양 너를 난도질하려는데
하늘은 왜 이다지도 무심만 하다더냐.

조국아, 거리엔 희망도 절망도 못하는
백성들이 나날이 환장해만 가고
너의 원수와 그 원수를 기르는 벗들은
너를 또다시 두 동강을 내려는데
너는 오직 생각하며 쓰러져 가는 갈대더냐.

원혼(寃魂)의 나라 조국아,
너를 이제까지 지켜 온 것은 비명(非命)뿐이었지,
여기 또다시 너의 마지막 맥박인 듯
어리고 헐벗은 형제들만이
북(北)으로 발을 구르는데
먼저 간 넋을 풀어줄 노래 하나 없구나.

조국아, 심청이마냥 불쌍하기만 한
조국아!

11
—적군*묘지 앞에서

오호, 여기 줄지어 누웠는 넋들은
눈도 감지 못하였겠구나.

어제까지 너희의 목숨을 겨눠
방아쇠를 당기던 우리의 그 손으로
썩어 문드러진 살덩이와 뼈를 추려
그래도 양지 바른 두메를 골라
고이 파묻어 떼마저 입혔거니
죽음은 이렇듯 미움보다도 사랑보다도
더욱 신비스러운 것이로다.

이곳서 나와 너희의 넋들이
돌아가야 할 고향 땅은 30리면
가로막히고
무주공산(無主空山)의 적막만이
천만 근 나의 가슴을 억누르는데

살아서는 너희가 나와
미움으로 맺혔건만
이제는 오히려 너희의
풀지 못한 원한이
나의 바람 속에 깃들어 있도다.

손에 닿을 듯한 봄 하늘에
구름은 무심히도
북으로 흘러가고
어디서 울려오는 포성(砲聲) 몇 발
나는 그만 이 은원(恩怨)의 무덤 앞에
목놓아 버린다.

12

어둡다구요. 아주 캄캄해 못살겠다구요. 무엇이 어떻게 어둡습니까. 그래 그대는 밝은 빛을 보았습니까. 아니 생각이라도 하여 보았습니까. 빛의 밝음을 꿈꿔도 안 보고 어둡다 소리소리 지르십니까. 설령 그대가 낮과 밤의 명암(明暗)에서 광명과 암흑을 헤아린다 칩시다. 그럴 양이면 아침의 먼동과 저녁 노을엔 어찌 무심하십니까. 보다 빛과 어둠이 엇갈리는 사정은 노상 잊으십니까. 되레 어둠 뒤에 가리운 빛, 빛 뒤에 가리운 어둠의 의미를 깨치셔야 하지 않겠습니까. 그제사 정말 암흑이 두려워지고 광명을 바라게 될 것이지, 건성으로 눈감고 어둡다 어둡다 소동을 일으킬 것이 아니라 또 건성으로 광명을 바라고 기다릴 것이 아니라 진정 먼저 빛과 어둠의 얼굴을 마주 쳐다봅시다. 빛 속에서 어둠이 스러질 때까지.

13
— 송영보(送迎譜)

나 너를 보내노라.
찢어져 피묻은 가슴
조각조각 흔들어
나 너를 보내노라.

이제사 나 너 세월에게
청춘의 바램은커녕
아쉬움도 모르는 체
눈 뒤집혀만 가는 이 거리에
그저 심심히 서서
너를 세월이라고 보내노라.

나 너를 맞노라
찢어져 피묻은 가슴
조각조각 흔들어
나 너를 맞노라.

여기는 나의 원수와
원수를 기르는 벗들이
마주서는 곳
네가 나를 탓하지 않듯이

나도 너를 탓하지 않고
너를 세월이라고 맞노라.

14

자네가 간 후에도 이승은 험하기만 하이. 나의 마음도 고약만 하여지고 첫째 덧정 없어 이러다간 자네를 쉬이 따를 것도 같네만 극악무도(極惡無道)한 내가 간들 자네와 이승에서듯이 만나 즐길 겐가 하고 곰곰중일세.

깜짝 추위에 요새 며칠 감기로 누웠는데 망우리(忘憂里) 무덤 속의 자네 뼈다귀들도 달달거리지나 않나 애가 달지만 이건 나의 괜스런 걱정이겠지. 어쨌든가 봄이 오면 잔디도 입히고 꽃이라도 가꾸어 줌세.

밖에 나가면 만나는 친구들마다 어두운 얼굴들이고 이석(利錫)이만은 당가*를 들겠다고 벌쭉이지만 그도 너무나 억차서 그래보는 거겠지. 몸도 몸이려니와 마음이 추워서들 불 대신 술로 난로를 삼자니 거진 매일도릴세.

자네는 이제 모든 게 아무렇지도 않아 참 좋겠네. 어디 현몽(顯夢)이라도 하여 저승 소식 알려 줄 수 없나. 자네랑 나랑 친하지 않았나 왜.

● 당가 : 장가의 이북 사투리

눈덩이가 구을 듯이 커져만 가던
허접스런 인업(因業)들일랑
봄 여울에 씻은 듯 녹아나 흘러라.

영욕(榮辱)의 해골마저 타버린
폐허 위에다
이 봄에도, 우리 모두
목숨의 씨를 뿌리자.

하루아침에
하늘 땅이야 꺼진다손
제사, 나를 어쩔 것이냐…….

내일의 열매야 기약하지도
않으련만
운명(運命)과는 저울할 수도 없는
목숨의 큰 바램

우리의 부활을 증거하여
무덤 위에 필
알알의 목숨의 꽃씨를
즐거이 정성 들여 뿌리자.

사내들은 싸움터에서
아내나 어린 것은
헛간이나 어느 길바닥에서
그리고 어버이도 자식도 형제도
모두다 뿔뿔이 흩어져서 맞는
이 어기찬 명절

막혔던 강물처럼 터지는 분노를 담아서
하늘까지 치미는 미움의 줄을 당겨서
우리 모두다 원수를 겨누라.

북소리도 들리지 않는 어기찬 가슴에
원자탄보다도 뜨거운 불덩이를 안고
우리 모두 다 원수에게로 향하자.

피가 흐르는 비분(悲憤)의 명절을
창자 끊어지는 아픔을 참으며
모두 다 한결같이 이기며 가자.

제 2 부

까마귀

1

까옥 까옥 까옥 까옥

친구여!
나는 어쩌면 그대들에게
미안하이.

내가 그대들에게 들려줄 노래사
그지없건만
오직 내 가락이 이뿐이라서
미안하이.

까옥 까옥 까옥 까옥

2

봄놀이 버스가 들떠서 달리는 고속도로 한복판에 까마귀 한 마리 날아와 앉아 울고 있다.

까옥 까옥 까옥 까옥

예전에는 내가 저 산등 나무 위에서 두세 번 목소리만 내어도 사람들은 걸음을 멈춰 오늘의 자기 행신(行身)을 불안해하고, 자기 삶의 모습을 살피기도 하고, 죽음을 떠올려도 보고, 더러는 영원이라는 것도 생각들을 하더니

까옥 까옥 까옥 까옥

요즘 세월은 어찌된 셈판인지 내가 이렇듯 아스팔트 한가운데까지 나와 기를 쓰고 우짖어대도 오고 가는 차 하나 멎기는커녕 그저 줄달음치는 굳게 닫긴 차창(車窓) 속에서 저런 쓸모없는 날짐승이 아직도 살아남아 있었구나 하는 눈짓들이니

까옥 까옥 까옥 까옥

거리에서 쫓기며 헤매는 참새 떼 소리나 저희 집 새장 안의 앵무새 소리나 동물원 철망 속의 꾀꼬리 소리 같은 그 철딱서니 없는 소리들만을 노래로 알고 들으며 사는 저것들이 오늘날 벌이고

있고 또 내일도 벌일 그 세상살이라는 게 나로선 하도 맹랑해 보
여서

　까옥 까옥 까옥 까옥

　오산 인터체인지 근처 고속도로 한복판에 까마귀 한 마리 역사
(轢死)를 각오한 듯 나와 앉아 울고 있다.

3

나는 비탈산, 거친 들판을 헤매면서
썩은 고기와 죽은 벌레로 배를 채우며
종신서원(終身誓願)의 고행수도(苦行修道)를 하는 새다.

까옥 까옥 까옥 까옥

너희는, 영혼의 갈구(渴求)와 체읍(涕泣)으로
영영 잠겨버린 나의 목소리가
불길을 몰아온다고 오해하지 말라.
오직 나는 영통(靈通)한 내 심안(心眼)에 비친
너희의 불의(不義)가 빚어내는 재앙을
미리 알리고 일깨워 줄 따름이다.

까옥 까옥 까옥 까옥

오늘도 나는 북악(北岳) 허리 고목(古木) 가지에 앉아
너희의 눈 뒤집힌 세상살이를 굽어보며
저 요르단 강변 세례자 요한의
그 예지(豫知)와 진노(震怒)를 빌려서 우짖노니

—이 독사의 무리들아 회개하라!
　하느님의 때가 가까이 왔다.

속옷 두 벌을 가진 자는 한 벌을 헐벗은 사람에게 주고
먹을 것이 넉넉한 사람은 굶주린 이와 나누어 먹고
권세가 있는 사람은 약한 백성을 협박하거나, 속임수를 쓰지
말 것이요,
나라의 세금은 헐하고 공정하게 매겨야 하며
거둬들임에 있어도 不正이 없어야 하느니라.

까옥 까옥 까옥 까옥

4

꼬리를 무는 스캔들로 세상이 떠들썩한 어느 날 한밤중 홀연, 이게 어인 신이(神異)런가? 저 이탈리아 스비아고 산* 속에서 베네딕도의 까마귀*가 나에게 나타났다.

까욱 까욱

그는 수도원 까마귀답게 모습도 청수(淸秀)하려니와 단전(丹田)으로부터 우러나오는 목소리로 '평화의 인사'*를 하였다.

까 까욱
나는 하도 반가워 말을 더듬었다.

까욱 까욱 까욱
—아빠스*께서 그대에게 전하라는 말씀이오!

까욱 까욱
—말씀하소서.

까욱 까욱 까욱 까욱
—그대는 요행을 피하고, 정조를 지키며, 진실을 살라!

까욱 까욱

　―그뿐이옵니까?

　까욱 까욱
　―뭐가 미흡하오?

　까 까옥
　―아, 아니옵니다.

　이야기를 더 잇기도 전 깜박할 새 베네딕도의 까마귀는 온데 간데 없이 사라지고 어둠의 창 밖에서 억수 장맛비 소리만이 들려왔다.

● 스비아고 산 : 로마에서 얼마 안 떨어진 산으로, 가톨릭의 베네딕도 성인(聖人)이 출가 (出家) 후 처음 이곳에서 은수생활(隱修生活)을 하였다.
● 베네딕도의 까마귀 : 그 성인이 까마귀들과 잘 사귀어서 그 까마귀들의 도움을 받기도 하였으므로 이를 기념하여 지금도 거기 수도원에서는 까마귀를 기르고 있다.
● 평화의 인사 : 가톨릭 미사 중에 서로가 나누는 축복의 인사.
● 아빠스 : 라틴어의 사부(師父)라는 뜻의 낱말로 현재도 가톨릭 수도원에서는 대원장(大院長)을 이렇게 부른다.

5

까옥 까옥

서울 여의도 아파트 숲 까마귀가 오대산에 단풍 구경을 갔다가 그 중턱 후미진 곳에서 수도하는 한 늙은 까마귀를 만나 수작을 건넸다.

카옥

약간 쉰 소리로 그 까마귀중은 인사를 받았다.

까옥 까옥 까옥 까옥
—대뜸입니다만 세상살이가 왜 이다지 뒤틀려 가는 겝니까?
카옥 카옥
—그야 그대, 시인들 탓이지!
까옥 까옥 까옥
—뭐라고요? 우리 시인들 탓이라구요?
카옥 카옥 카옥 카옥
—아무렴 그렇고 말고, 오늘의 시인들의 불명(不明)이 이 시대를 이처럼 흐리게 하는 거지!
………?
서울 까마귀는 응수할 말을 찾지 못했다.

카옥 카옥 카옥 카옥
—인간 일체의 죄장(罪障)은 시(詩)만이 소멸시킬 수 있으나 오
늘날 그대들 시 조각으로서야 어디? 쯔쯧.

………

서울 까마귀는 더 이상 자리할 수도 없어 물러나고 말았다.

6

어느 날 저녁 나의 작은 뜰에 까마귀 한 마리가 허청허청 찾아
왔다.

까옥 까옥 까옥 까옥

그는 거리 언덕바지에 있는 신(神)의 무덤*에 나가 앉아서 한나
절 울다가* 오는 길이라면서 목이 좀 쉬어 있었다.

까옥 까옥 까옥 까옥

나는 그에게 호콩과 맥주를 대접하면서 요새 자신의 노래에 대
한 자조(自嘲)도 있고 해서 "그대나 나나 이제 그만 불길한 울음
일랑 거두고 앵무새처럼 남이 일러주는 말이나 되뇌어 보이든가,
참새 떼처럼 제멋대로 세상살이나 지껄여대든가, 아니면 꾀꼬리
나 종달새처럼 자연이나 흥겹게 노래하며 사는 것이 현명하지 않
겠느냐"고 그의 심중(心中)을 떠보았다.

까옥 까옥 까옥 까옥

그는 이 말에 정색을 하면서 "그야 이제 오직 눈에 보이는 것만
섬기는 이 백성들에게 자신이 별 볼 일 없는 날짐승이 된 것을 잘
알지만 그나마 당신이나 내가 예언(豫言)과 경보(警報)의 제 구실

을 버리면 이 백성들은 독수리의 밥이 되고 말 것이니 지치고 힘
겨우나 우리만이라도 숨지는 그 시간까지 제 소리를 내다 가야
하지 않겠느냐!"고 사뭇 나를 힐책하고 대들었다.

　까옥 까옥 까옥 까옥

　나도 실상 그저 해보는 소리지 변신을 의중(意中)한 바도 아니
어서 주석(酒席)의 기롱(譏弄)을 사과했더니 그는 곧 화색(和色)으
로 돌아와 동물원 철망 속의 비둘기, 까치 이야기랑을 걱정스레
우짖다가 통금시간(通禁時間)에 견줘 도봉산 기슭, 제 둥우리로
향했다.

● 신의 무덤 : R. 아돌프스(네덜란드 가톨릭 수도사)의 책제(冊題)로 오늘의 타락한 교회를
　상징한 말.
● 한나절 울다가 : 시국기도회(時局祈禱會)를 은유로 썼음.

7

까옥 까옥
—으스스하지?
까옥 까옥
—한여름인데!
까옥 까옥 까옥
—시청 옥상에 매가 나타났다며?
까옥 까옥 까옥
—마구 비둘기를 채간다나봐.
까옥 까옥 까옥 까옥
—까치들은 가둬놓고 비둘기들은 채가고
까옥 까옥 까옥 까옥
—이 도성(都城)! 말씀이 아니군.
까옥 까옥 까옥 까옥 까옥
—런던탑처럼 우리들도 붙잡아다
　　날개를 자르려 들지나 않을까?
까옥 까옥
—무시무시!

8

까옥
까옥
까옥
까옥
까옥
까옥
까옥
까옥
까옥
까옥
까옥
까옥
까옥
까옥
까옥
까옥
까옥
깍
깍
칵
칵

—자네 목소린 쉬었군!
—자네 목소린 잠겼군!

9

까옥 까옥 까옥

—진실로 고민하는 자는
　절망하지 않느니.

까옥 까옥 까옥

—진실로 고민하는 자는
　절망하지 않느니.

까옥 까옥 까옥 까옥

—정녕, 진실로 고민하는 자는
　절망하지 않느니.

10

까옥 까옥

서울 여의도 아파트 숲 까마귀가 오대산 중턱 늙은 까마귀중을
다시 찾았다.

카옥

인사를 받는 늙은 까마귀중은 길고 흰 눈썹만 꿈적였다.

까옥 까옥 까옥 까옥

─인간 일체(一切)의 죄장(罪障)을 시(詩)만이 소멸시킬 수 있
다고 그러셨는데 지난 1년 동안 아무리 생각해 봐도 모르겠어요.

카옥 카옥

─내가 그랬던가?

까옥 까옥

─그럼요! 대체 그런 시가 어떤 것인가요?

카옥 카옥 카옥 카옥 카옥 카옥

─왜 있지 않아? '색즉시공, 공즉시색(色卽是空, 空卽是色)' 이
라든가, '가난한 사람들아 너희는 행복하다. 지금 우는 사람들아
너희는 행복하다' 라든가!

까옥 까옥
―그것은 경(經) 중의 경이 아니옵니까?

카옥 카옥 카옥 카옥
―시와 경은 불일불이(不一不二). 시와 자비도!

까옥
카옥

서울 까마귀는 더 이상 말문을 찾지 못하고 물러났다.

11

까옥 까옥 까옥 까옥

여의도 아파트 숲 어느 고목 가지에
늙은 까마귀 한 마리 앉아 울고 있다.

입에 담기도 되뇌기도 저어되는
눈 뒤집힌 이 세상살이를 바라보며
까마귀는 목이 쉬도록 울고 있다.

카옥 카옥 카옥 카옥

그대들의 삶이 오늘 이대로 가다가는
김정일의 오판도 하늘이 모른 체하리니
서울이 불바다가 되기를 자초하지 말고
백성들이여! 한시 바삐 회개하라!

카욱 카욱 카욱 카욱

예전에는 사람들이 나의 소리만 들어도
섬뜩하여 가던 길도 흠칫 멈추고 서서
오늘의 자기 행신(行身)을 불안스러워하고
자기 삶의 모습을 살펴보기도 하더니

요즘 세상은 온통 소음과 소란이라
나의 소리 따위는 들리지도 않겠지만
더러 보행하던 사람들이 쳐다보고도
저런 쓸모 없고 재수 없는 날짐승이
아직도 살아남았나? 하는 표정들이다.

까욱 까욱 까욱 까욱

하지만 까마귀는 그 심안(心眼)에 비쳐진
저들의 불의와 부패가 마침내 빚어낼
그 재앙과 참화를 미리 일깨워 주려고
오늘도 목이 잠기도록 우짖고 있다.

12

까옥 까옥

까옥 까옥

소문 들었지?

그래, 남산과 북한산에다 새집을 짓고

모이그릇과 급수시설을 한다며?

그뿐인가 겨울에는 조, 들깨, 번데기 등 먹이를

마련해 놓아준다는군.

새의 낙원 5개년 계획이라!

말만 들어도 황홀하이!

하지만 특혜나 공것 너무 좋아 말라구,

시청 옥상 철망 속의 까치 신세 모르나?

설마 남산, 북한산에다 온통 철망을 씌울라구?

저들 소견머리와 욕심이사 무언들 사양하겠나?

하기사 살충제를 뿌려 우리를 떼죽음으로 몰 때는 언제구?

도대체가 고양이 쥐 생각이라 여기면 틀림없지—

먼저 저희들 매연방지나 하라지—

덕분에 우리도 숨통부터 좀 맑아지게—

까옥 까옥

까옥 까옥

영원처럼 펼쳐진 하늘에 해바라기 얼굴을 한 달이 나지막이 떠
있고

통금시간도 지난 거리 한복판 밧줄같이 가로지른 고압선 위에

남산과 북한산에서 내려온 이중섭(李仲燮)의 까마귀들이 마주앉
아 세상살이를 지저귀고 있었다.

● 이 시는 이중섭의 〈달과 까마귀〉에서 그 배경만을 취했다.

13

까옥 까옥 까옥
까옥 까옥 까옥
―이들은 눈이 멀고
  저들은 귀가 먹고

까옥 까옥 까옥 까옥
까옥 까옥 까옥
―“마주 보고 달리는 기관차 같다”
  누군가가 이렇게 말했다면서

까옥 까옥
―하느님 맙소사!

까옥 까옥 까옥
까옥 까옥 까옥
까옥 까옥 까옥
―진정 승객들을 위한다면
  아니 제 목숨들을 부지하자면
  한시 바삐 충돌을 피하여
  딴 노선을 택해야지.

까옥 까옥 까옥

까옥 까옥 까옥
—암 그렇고 말고
　내일의 승리는 그쪽이지.

14

까옥 까옥, 까옥 까옥

여의도 아파트 숲 어느 고목 가지에
늙은 까마귀 두 마리 우짖고 있다.

까옥 까옥, 까옥 까옥

이 세상살이 난장판이지!
시쳇말로 막가판이지!

까옥 까옥, 까옥 까옥

저들은 마음의 눈이 멀어서지!
뿐만 아니라 마음의 귀도 먹어 있어!

까옥 까옥, 까옥 까옥, 까옥

그래서야 어디 육안(肉眼)으로는 보이지 않고
육성으로는 들어도 결코 들리지 않는
도리(道理)나 사리(事理)를 어찌 헤아린단 말인가?

까옥 까옥, 까옥 까옥, 까옥 까옥

아무렴! 도리나 사리를 벗어나서는
법(法)은 강자가 약자를 얽어매는 올가미요
마찬가지로 도리나 사리를 벗어나서는
자유도 한낱 본능적 욕정의 충동일 뿐
그 어찌 눈 뒤집힌 이 세상살이가
바로 서며 고쳐진다는 말인가!

까옥 까옥, 까옥 까옥, 까옥 까옥

이 겨레 모두가 마음의 눈이 떠야지!
이 겨레 모두가 마음의 귀가 열려야지!
아니, 이 나라 지도자들부터가 먼저
마음의 눈이 뜨고 마음의 귀가 열려야지!

까옥 까옥, 까옥

제 3 부

○

밤 일기

1

밭에서 싹이 난다.
밭에서 잎이 돋는다.
밭에서 꽃이 핀다.
밭에서 열매가 맺는다.

밭에서 우리는
심부름만 한다.

2

농부가 소를 몰아
밭을 간다.

막혔던 땅의
숨구멍이 터진다.

얼어붙었던
가슴이 열린다.

봄 하늘이
손에 잡힐 듯하다.

소와 농부가 함께
쳐다본다.

구름이 북으로
흘러간다.

엄매……

가시도 덩굴도
헤치며

갈아나간다.

3

서릿발 과질이 서걱거리는 보리밭을
초례(醮禮)의 3일을 치른 내외가
서로 얼굴을 돌리고 엿보며
밟아 나간다.

움푹 패고 꺼진 두덩엔 흙을 넣어가며
부풀고 들뜨고 흥겨운 마음을 다지듯
차곡차곡 밟아 나간다.

동녘에는 쏟아지는 햇발이 부서져 튀고
남녘에는 나일론 망사(網紗) 같은 아지랑이
서향(西向) 고목 가지엔 물동이를 인
빨강 노랑 저고리가 꽃 피어 있고
북쪽마을 노르께한 볏지붕 굴뚝에선
아침 향연(香煙)이 일제히 오르고 있다.

눈 앞에는 하루살이 떼들이
온실 속 먼지처럼 가물거리고
새들은 호들갑을 떨고 날며 지저귄다.

어디선가 햇닭 똥내음 같은
풋내가 풍겨 오는데

해토(解土)의 아침,
세상은 온통 염미(艶美)를 발산한다.

4

개똥이네 할아버지가
개똥밭에
똥을 한 삼태기
주워다 쏟는다.

수수전 같은 소똥,
국화만두 같은 말똥,
조개탄 같은 돼지똥,
생굴 같은 닭똥,
검정콩 토끼똥,
분꽃씨 쥐똥,
염소똥, 당나귀똥, 여우똥,
똥이란 똥이
온 밭에 널려 있다.

개똥이가 생선 밸 같은
코를 훌쩍이며
쭐레쭐레 나와
보리밥풀이 말라붙은
잿빛 가랑이 바지를 쫙 벌리고
진달래꽃빛 엉덩이를 훌쩍 까고선
끙끙 안간힘을 쓰며 똥을 눈다.

누렁이도 쫄래쫄래 쫓아나와
똥누룽지와 똥부스럼딱지가
다닥다닥 붙은 밭고랑을
반지르한 코를 킁킁대고 다니면서
찔끔찔끔 진오줌을 싸고
뿌지직 뿌지직 된똥을 깔기고선
이번엔 꼬리를 치며 달려와
개똥이 엉덩짝을 핥으려 든다.

개똥이는 똥구멍을 하늘로 치켜올리고
똥통에 빠졌다 나와 뻗어 있는
성에 낀 막대기를 주워서
가랑이 밑으로 휘휘 흔들며
이 개, 이 개, 몰아 쫓는다.

그리고 늘어진 고개를 들어서 제끼곤
북쪽 하늘 울타리에 아직도 걸린
푸른 스무날 달을 바라다 보다
지난해 여름, 그 꿀맛 같던
개똥참외를 머리에 그리고
천둥배탈이 나서 벼락설사를 하던
그 지랄 같던 추억에 이르러서는
설레설레 고개를 좌우로 흔든다.

이번 참엔 한 개, 두 개, 세 개,
요렇게만 먹어야지! 중얼대며

막대 쥔 손으로 왼손가락을 눌러가더니
야금야금 열 손가락을 모조리 꼽고 만다.

마주 보이는 뒷산
함성을 지르듯 활짝 핀 개살구나무!
가지에서 가지로 오르내리는
까치 한 마리가
흰 버러지 같은 똥을 삘삘 싸며
혼자 재밌어 캑캑거린다.

5

봄의 풋아기들이 탯줄을 달고
내 품에서 젖을 빨며 놀고
하늘하늘 바람이 보드라운 젖가슴과
말랑말랑 사추리를
간지르며 지나간다.

6

비닐 천막 속에 봄 모종들이
오글오글 모여 있다.

고추, 시금치, 쑥갓, 상추,
가지, 토마토, 외, 수박
마치 논산 훈련소다.

퇴폐(頹廢)를 모르는 풋생명들!

이들이 머지 않아 신병(新兵)이 되어
이름도 수상한 휴전의 싸움터
전후방(前後方)으로 보내진다.

3월도 노곤한 오후
나의 사각(死角)지대엔
Z기도 안 나는 서정의 하늘!
포성도 들리지 않는다.

그러나 이 초봄의 화창이
나를 울먹이게 함은 어인 일일까.

7

보리밭 옆구리
수양버드나무가
강에다 머리를 감는다.

햇발이 물밑에서
금모래로 아른거리며
머뭇거리고 흐른다.

땅 속에서 갓나온
청개구리들모양 엎드려
마을 새댁과 처녀들이
봄 빨래가 한창이다.

철썩 철썩,
딱딱, 쭈룩, 쭈룩,
마치 흰떡을 치고
주무르듯 하며

쨱 쨱, 종알 종알
캬들 캬들, 캑 캑,
힝힝, 해해 들이다.

말띠 딸을 낳고 시아버지에게
눈치가 뵈던 얘기,
극성맞은 시어머니 얘기,
시큰둥스러운 학생 올케의 얘기,
휴가 왔다 간 남편 얘기,
○○당(黨) 망나니 얘기,

아롱진 저 정경 속엔
청상과부의 수틀처럼
아직도 서러운 사정들이
얼룩져 있다.

8

산허리 무밭 가
춘곤(春困)에 조는 늙은 바위에
쉬파리 한 마리 놀고 있다.

영(嶺)으로 오르는 산길 풀섶에
묵은 냄비뚜껑만 한 쇠똥엘
뻔질나게 드나들면서
바위의 응달진 허리에도 붙어보고
햇볕에 단 이마에도 앉아보고
움푹 파인 숫구멍에 괸
빗물에 촉촉이 젖어도 보고

손발을 살살 빌어도 보고
눈곱 같은 찌를 깔겨도 보고
서캐 같은 알을 슬어도 보고

이번엔 무밭 한가운데 홍일점(紅一點) 끼어든
봄 국화 꽃술에 날아가 앉아서
영사막(映寫幕)에 홀린 소년처럼
지평선까지 평면으로 전개된
들과 강과 길을 내려다보는데

세상은 일시에 모두 정지되어
푸른 송장이 된 것같이
숨소리도 없는 이 순간,
기아(飢餓)와 멸시(蔑視)와 살육(殺戮)에서 해방된 순간,
저주(詛呪)와 모반(謀反)도 없는 이 순간,

너, 쉬파리 똥파리
어쩐지 이 고요가
서러운 공포가 되며
산울림 하게 왕왕, 울어 보누나.

9

내 넓은 가슴의
푸른 불꽃이
온 천지를 훈훈하게 한다.

윤 3월 보리밭.

10

내가 짐작하기론
밭의 연인(戀人)은
논이다.

그들은 밤이면
곧잘 수런거리다가
벌레소리도 내고
개구리소리도 내다가

낮에는 둘이 다
시치미를 뗀다.

11

판잣집하고 함께
산정(山頂)으로 밀려 올라간
밭은

그날그날 지내기가
우리집 형편하고
같다.

12

쩔렁 쩔렁 쩔렁

남산(南山) 성(城) 밑, 하룻밤 새 몰래 지은
판잣집 텃밭에
가슴속까지 울려오는 저 방울 소리

쩔렁 쩔렁 쩔렁

읍내 소장에서 고삐를 넘겨 준
우리 집 얼룩소의 왕방울 소리

쩔렁 쩔렁 쩔렁

흰 점박이 눈을 껌벅거리며
여물을 되씹던 그 입 모습,
느릿느릿 의젓하던 그 걸음새

쩔렁 쩔렁 쩔렁

앙상한 내 가슴을
쥐어뜯는 저 소리

쩔렁 쩔렁 쩔렁

두부나 비지드렁
쩔렁 쩔렁
두부나 비지……

탁! 대문이자 창인
판자문을 열어제치며
나의 얼어붙은 가슴 위에다
연탄가루가 섞인 가래침을 콱 뱉고서

뒤도 안 돌아보고 뛰쳐나가는
우리집 맏아들
대학생, 솔개야!

13

신작로에서
수런수런 말소리가 들린다

지적조사(地籍調査)를 나왔나?

뭐, 하다께*?

관(棺)에 못처럼 박혔던
총독부 말뚝,
응얼진 가슴을 만져본다.
진저리를 친다.

---

* 하다께(畑) : 일본어로 밭

14

텃밭에서는
4H 클럽 서기를 하는 만식이가
올해 농업학교를 갓나온 동생을 데리고
둘 다 화사한 점퍼에 야구모를 쓰고
온상(溫床)을 손질하고 있다.

널빤지 썩은 것을 갈아대고
새 흙을 떠다 왕겨 재를 푹 섞고
소독약을 치고
대를 구부려 천장을 만들고
비닐을 말아 씌운다.

앞날 저들이 꿈꾸는 양옥집같이
환하고 날씬한 파종상(播種床)과 가식상(仮植床)!
이른봄의 미각(味覺)들이 여기서 자란다.

*

군대에서 돌아 온 만수가
작업복에다 작업모를 쓰고
보리밭을 맨다.

뿌리가 다치지 않도록
흙을 살살 긁어 엎으며
얼어서 먹히고 습해서 꺼진
이랑을 파고 돋아서
밭의 숨구멍과 땀구멍이
고루 트이게 한다.

                    *

바우가 노랑 가랑잎
나뭇짐을 져 나른다.
무쇠 영감이 논 묘판에다
마치 아기의 기저귀를 깔고
천의를 덮듯 깔아 나간다.

화학비료(化學肥料)가 편리하지만
어린 볍씨들에겐 독해서 못 쓰고
가랑잎 거름이 따뜻하고 향기롭다.

막걸리 한 사발을 곁들여
중참을 치르고는
아들은 객토짐을 나르고
영감은 논두렁에 불을 지른다.

마른 잡초들 밑에서 얼굴을 내밀던
새순들이 따가워서 고개를 움츠린다.

                    *

과수원집 재건회장 영감이
자개가 박힌 지휘봉을 들고 나섰다.

한편에선 전정(剪定)을 하고
한편에선 구덩이를 파고
한편에선 퇴비를 주고
또 한편에선 묘목을 캐서
가식(假植)을 한다.

회장영감은 일꾼들 틈을 누비며
소리를 빽빽 지른다.
군대에서 기합만 넣어
호통을 하루만 안 쳐도
소화가 안 된다나!
마주 앉으면 다정하다.

                    *

마을 집단 축사에서 조합당번들이
돼지우리와 염소우리를 소독한다.

닭사에서 뉴캐슬 예방접종을 하고
공동창고에선 벌통들을 꺼내고
매초장에선 사료들을 뒤집는다

우리 안의 여물을 되씹는 소 눈에는
보얀 젖빛 하늘이 어리고 있다.

초경(初耕)의 3월은 봄눈이듯이
부산하다가 사라진다.

밤비가 지나간
밭은

새벽같이 일어나서
세수하고

아침해를 받으며
머리를 참빗질 한다.

16

초록 제복(制服)의
여학생들이
한마당

일제히
〈봄의 교향악〉을
합창한다.

5월의 보리밭.

17

임마,
네가 크냐
내가 크지.

피, 고거
봐라 자
누가 빨간가.

익었니
먹어라
냠냠냠.

유치원 마당
한구석은
고추밭.

18

파란 밤하늘엔
별들이 살고

황토(黃土) 내 가슴엔
꽃들이 핀다.

반짝이는
별에는

꿈이 하나씩
깃들어 있고

색색의
꽃에는

이슬이 방울방울
숨어 있다.

19

바삭 바삭
발자취 소리

제 그림자에
멈칫, 멈칫,

으응, 바위와 이쁜이!

……저것들이

젊은 보리들이
깔렸다 일어나며
울상, 웃을 상,

구름 뒤에 숨었던 달이
외짝 눈을 살짝,

조것이!

어느 나라 황후폐하(皇后陛下)
사진을 오려 가지고
변소에 들던

중학생 시절!

그런 모독(冒瀆)의 정열에
밭, 나도 몸을 튼다.

20

우수(雨水)를 넘기고 스무날
49일만에 비가 내렸다.

비라야 겨우 12밀리미터
그것도 야반(夜半)에 그치고 말았지만
들이란 들의 숨넘어가던 보리들이
모두 생기를 얻고 봄바람에 간들거린다.

뚝섬 비닐 천막 속의
물외나 토마토도
꽃을 맺을 거고

안양 포도밭도
얼고 말랐던
사지를 펼 거고

강원도 싸리버섯,
제주도의 표고도
습기를 받아 자라고

경상도 남지땅
봄배추와 개비지 밭들도

알지 못할 염병에서 풀려나고

황해도 황주
함경도 안변
능금밭들도
전지(剪枝)를 시작하고

삼수갑산(三水甲山) 화전민들도
감자 종자를 고를 거고

충청도 각처 양잠(養蠶)곳에선
뽕나무 눈이 트기 시작해
죄었던 가슴들을 내려 쓸 것이나

호남 김제벌에선
이리 비가 건숭 와서야
봄손질에 발만 빠진다고
하늘을 아직도 나무라는데
관상대의 기상예보가 전해진다.

─일본열도를 거쳐 밀려오는 ○○밀리바 저기압과 중국 북부지
방으로부터 밀려오는 ○○밀리바 저기압이 깊은 골을 이루면서
합쳐져 오늘 오후부터는 전 한반도에 비가 다시 내리기 시작하
여 앞으로 2, 3일 계속될 것이다.

21

장근 보름을 넘겨
스무날 가까이를
장맛비가 쏟아진다.

밭이랑과 고랑은 물로 차서
발치 쪽은 사추리까지 물에 잠겨
땅 속에 알몸인 감자들도 절벅 절벅이다.

무쇠 영감님은 구운 곱돌 같은 얼굴이
더욱 푸르족족 질려 가지고
돌돌 말린 베잠방이에 부대를 접어 쓰고
연일 밭에 나와 물꼬를 터볼까 하고
네 귀마다 삽질을 해쌓는다.

마침 이웃 참외밭집 아들 똘만이가
고무 비옷에 장화를 신고 삐걱거리며
한 손엔 막대기, 한 손엔 물 젖은 망태기에
개구리참외 몇 개를 넣어들고 다가오며
무쇠 영감님께 인사를 건넸다.

"바우 아버지 예, 거(기)다 고랑을 내봐야 강의 물 퍼내기지 소
용 없입니더!"

“그래도 밭이 쪼매 숨이나 돌리구로!”

“올해 우리 차미사 물위(외)로나 팔아야지 딴 도리 없게 됐네
요.”

“위(외)는 땅 위에나 살지, 땅 속의 우리 감자는 꼼짝도 없이 다
썩었제!”

“그저 이래저래 파이(안)될 바엔 이눔으 세상 다 망하구로 장맛
비 석 달 열흘마 왔뿌리라!”

“뭐라꼬? 아무리 속이 상해 하는 소리래도 그런 말하믄 못쓰
지, 말이 씨 된다 안카나!”

아니나 다를까
좀 부슬부슬 하던 비가
투덕투덕 뚝딱거리더니
금시 억수같이 퍼붓는다.

참외밭집 젊은이는 진작 들어가고
무쇠 영감님만이 밭 가장자리에
죽은 나무같이 서서

“하늘도 노망(老妄)이시지. 이 말 저 말, 젊은애들 소리마저 다
역하게 들으시고!”

무슨 축언(祝言)처럼 중얼거리나
머리악을 쓰는 빗발은 멈추지 않는다.

22

되게 애도 말리던 비가
이번엔 지랄같이도
장근 보름을 내리 질척인다.

동구(洞口) 어귀를 과수원집 달구지가
사과궤짝을 싣듯이
이것은 너무나도 새 것인 크고 작은 관(棺),
다섯 짝을 얹고 나간다.

요령(搖鈴)도 상주(喪主)도 없고
돌림 친목계(親睦契) 두 명이
하나는 곡괭이를 메고
하나는 삽을 들고
부대들을 우비로 쓰고
무심히 뒤따른다.

진창 반죽이 된 길바닥에는
굴을 잃어버린 개구리가
가슴에다 얼얼한 새끼를 얹고
발딱 누워서 등으로 땅을 긴다.

"가고 어쩌고 할 것도 없이

내 손으로래도 죽을 몸,
여기서 죽여줘요."

넋도 옷매무새도 함께 풀어헤쳐져
매달리듯 하는 노파(老婆)를 부축해 끌고
비옷 입은 순경(巡警)과 비닐 우산을 받은 반장(班長)이
묵묵히 걸어온다.

"나 여기서 죽여줘요."

또다시 팔을 잡아채는 바람에
반장의 옆구리에 끼였던
신문지 꾸러미가 떨어진다.

"어허! 글쎄 아즈마씨도,
저승도 수속을 밟아야 가제?"

진창에서 반도 안 탄 놋촛대만을 집어들고
다시 그림자같이 어두운 걸음들을 옮긴다.

한 면(面) 톱에는 돌멩이 같은 활자로
'농약으로 일가(一家) 5명 절명(絶命)!
옴 고치려고 외조모(外祖母)가 발라!'
또 한 면에는 주먹 같은 활자로
'검은 대륙에 또 쿠데타!
가나도 시리아에 이어!'

떼죽음같이 내란(內亂)같이 격전(激戰)같이
비바람이 퍼붓는다.
대륙이 침전(沈澱)하듯
신문지가 맥을 잃으며
흙탕에 가라앉는다.

23

산과 마을과 들이
푸르른 비늘로 뒤덮여
눈부신데

광목처럼 희게 깔린 농로(農路) 위에
도시에선 약 광고에서나 보는
그런 건장한 사내들이
벌써 새벽 논물을 대고
돌아온다.

                *

이쁜이가 점심함지를
이고 나서면
삽사리도 뒤따른다.

사내들은 막걸리 한 사발과
밥 한 그릇과
단잠 한숨에
거뜬해져서 논밭에 들면
해오리 한 쌍이
끼익 소리를 내며

하늘로 난다.

      *

저녁 어스름 속에
소를 몰아
지게 지고 돌아온다.

굴뚝 연기와
사립문이 정답다.

태고(太古)로부터
산과 마을과 들이
제자리에 있듯이

나라의 진저리나는
북새통에도
이 원경(原景)에만은
안정이 있다.

24

목판(木板)이 깔린 꽃밭에

봉선화
코스모스
채송화
맨드라미
나팔꽃
백일홍
백합
장미
국화
모란
부용
양귀비꽃들이

엷은 초록색 드레스를 걸치고
원무곡(圓舞曲)에 맞춰서 돌아간다.

배경엔 꽃숲산과
논밭으로 짜진 푸른 들판과
흰 길과 남빛 띠 강이 흐르고

차츰 음악이 자진가락으로 바뀌면
꽃들은 서로가 서로의 손을
잡았다 놓았다 하면서
크고 작은 원(圓)을 짓는다.

이때 무대 양편으로부터
월계관 같은 수염을 머리에 달고
천사의 날개를 펼친 나비 한 쌍이
나불나불거리며 달려 나와서
꽃의 굴레 속을 들락날락 하며
너울너울 춤을 춘다.

암나비는 꽃들이 허리를 기울일 때마다
그 머리 위 꽃술에다 입술을 갖다 대고
수나비는 숫제 입술을 갖다 부빌 양이면
꽃들은 살래살래 고개를 흔들곤 하면서
꽃밭은 노래와 춤이 무르녹아 있는데

이번엔 꽃숲 한 옆 시꺼먼 나목(裸木) 가지에서
밧줄에 매달리듯 내려오는 거미 한 마리
맨살에다 검은 옷을 찰싹 붙게 입고
양팔을 벌리고 게걸음을 치며 등장한다.

그래도 흥겨워서만 돌아가는 꽃과 나비,

거미는 이 꽃 저 꽃 위를

그림자처럼 따라 돌아가다가
마침내 꽃 울타리를 빠져 나오는 암나비에게
오색 테이프를 던져 휘휘 감고는
울려오는 영웅곡(英雄曲)에 맞춰서
마루운동을 하는 체조선수처럼
훌쩍훌쩍 펄떡펄떡 뛴다.

꽃들은 일제히 화석(化石)이 되어
제자리에 고개를 떨구고 서 버리고
거미줄을 감고서 하늘하늘 떠는
암나비 둘레를 돌아가는 거미와
그 거미의 쾌감에 취한 잔인한 미소!

수나비는 공포에 질려 어쩔 바를 모르며
거미 뒤꽁무니를 비실비실 따르며
머리를 조아리기도 하고
두 손을 모아 빌기도 하는데

처음엔 본 체 만 체 하다가
발딱 성이 난 듯 돌아선 거미,
또다시 허리춤에서 독(毒)의 테이프를 꺼내
투망(投網)을 치는 포즈를 취하자
수나비는 뒷걸음 도망을 치면서
나가자빠져 네 활개를 뻗는다.

한편 암나비도 기운이 떨어졌는지

오돌오돌 그 채로 폴싹 주저앉더니
앞으로 폭 꼬꾸라져서 등만 팔딱이다가
이내, 그 숨결마저도 멈춰버린다.

사방이 고요하고 어둑해지며
칼날을 가는 듯한 음향과
불길한 야조(夜鳥)의 울음소리만이
간간이 엇갈리는 속의

거미는 그 탐욕의 눈알을 휘번득이며
칼춤을 미친 듯 추다가는
암나비의 팔과 다리를
하나씩 들어올려도 보고
요리조리 냄새도 맡아보고
어디서부터 먹을까 재보다가는
머리쪽을 두 손으로 쳐들어선
큰 입을 벌려 물어뜯으려 든다.

마침 이때다.
아득한 꽃숲으로부터 흰 길로 나서
조명(照明)을 받으며 다가오는 집게벌레,
머리에 뿔가위를 달고 갑옷을 걸치고
두어번 꾸불텅꾸불텅 재주를 넘고서
현장에 나타나 한번 휘 훑어보고는
모든 사정을 대번에 다 알았다는 듯
우선 두 뿔로 거미를 밀어내고는

한 팔로 암나비 가슴에 손을 대보고
바삐 뿔가위로 휘감긴 오색 거미줄을
싹둑싹둑 잘라낸다.

그러나 한 발 물러났던 거미는
나비의 발치로 돌아 한 발을 쳐들어
또다시 입을 벌려 물어뜯으려 하자
이를 본 집게벌레는 헐레벌떡 쫓아와
두 뿔에 힘을 주어 거미를 쫓고
이번엔 거미가 팔쪽으로 가 서면
집게벌레는 또다시 헐레벌떡 쫓아가고
이렇게 거미와 집게벌레의 추격전이
한참동안이나 숨막히게 벌어졌었는데
끝내는 거미가 그곳에서 도망을 쳐
도로 고목을 타고 올라가 숨는다.

그제서야 다시 암나비에게로
황황히 다가온 집게벌레
싹둑싹둑, 타닥타닥,
온 몸의 거미줄을 잘라내고
암나비를 들어 안아 일으키면
암나비는 눈을 뜨며 비틀비틀 일어서
날개를 하나씩 쳐보며 춤추기 시작한다.

한 편에 기절해 쓰러졌던 수나비도
눈을 부비고 일어나 쏜살같이 달려와

암나비를 껴안고 볼을 부빌 때
고개를 움츠리고 땅에 붙어 섰던
꽃들이 하늘하늘 몰려와 이를 옹위하면

기쁨의 우레 같은 합창과
춤이 미칠 듯 어울려서
그 신명이 절정인데……

집게벌레 녀석 꾸불텅꾸불텅
등허리를 질쑥대 곱사춤을 추면서
입을 헤벌리고 숲길로 든다.

25

주저앉을 듯한 잿빛 하늘에
구름이 시커멓게 뒤틀렸다.
땅도 먹물을 토할 듯 울상이고
파도같이 밀려선 밀밭은
뿌연 빛들이 엇갈려
더욱 절망을 자아낸다.

'금시 천둥, 비가 올 듯한 하늘 아래
한없이 넓게 펼쳐진 밀밭
나는 마음껏 내 슬픔이나 고독을
거기다 표현하려고 하였다.' *

*

1890년 7월 27일 일요일, 오웰*

찢어질 듯 맑게 갠 하늘이다.
밀밭은 눈부신 햇발에
얼굴을 못 든다.
찌는 듯한 공기와 기진맥진한 정적(靜寂)!
벌레의 울음마저 공허하다.

허재비가 미쳐난 것처럼 넋 나간 사내가
하루종일 밀밭을 헤맨다.
어느덧 일모(日暮)!
'나는 어쩔 수도 없다!'*
탕, 탕, 탕,
피를 토하고 태양이 떨어진다.
사내가 쓰러진다.

                *

사닥다리 층계를 올라가면
비스듬한 천장에 창이 달린 다락방,
부연 램프가 혓바닥을 드리우고 있다.

내장(內臟)이 나온 의자,
금이 가서 아른거리는 거울,
옻칠이 벗겨진 화병,
이가 벌어진 마루와 헐어 떨어진 벽,
월일(月日)이 안 맞는 '캘린더'

낡은 철침대 위에서
땟국이 낀 이불을 쓰고
28시간이나 신음하던 사내는
29일 오전 1시!
마침내 숨을 거뒀다.

망자(亡者)의 동생은 시신(屍身)의 가슴에서
유서(遺書) 한 통을 발견한다.
‘이제 나는 그림에 대하여
목숨을 걸었고
나의 이성(理性)은 그 때문에 부서져 버렸다.’ *

           *

상여도 없는 관(棺)이
밀밭을 지나간다.
마을 언덕엔 영구(靈柩)도 빌려주지 않은
교회의 십자가 지붕이 보인다.

또다시 밀밭이 나선다.
얼마쯤 가서 공동묘지에 다다른다.
맨 구석 돌담 아래
무덤 둘이 나란히 있다.

왼편에는
‘여기 잠들다.
VINCENT VAN GOGH
1853~1890’
바른편에는
‘여기 잠들다.
TEOTOR VAN GOGH
1858~1891’ *

묘석(墓石) 위엔
생전, 그의 가슴을 불붙이던
해바라기 몇 송이가 놓여 있고
그가 자신을 팽개치듯 사랑한 밀밭이
사방으로 뻗쳐 있다.

● 모두가 빈센트 반 고흐 전기에서 취재했다. 그 중 오웰은 그가 자살한 곳의 이름.

26

희랍신화(希臘神話)의 혀 안 돌아가는
남녀신(男女神)의 이름을
줄줄 외는 이들이

백결(百結)선생이나 수로부인(水路夫人),
서산대사(西山大師)나 사임당(師任堂)을 모르듯이

클레오파트라, 로미오와 줄리엣,
마릴린 먼로, BB의 사랑이나
브로드웨이, 헐리우드의 치정(癡情)엔
훤한 아가씨들이

저의 집 식모살이
고달픈 사정도 모르듯이

튤립, 칸나, 글라디올러스,
시클라멘, 히아신스는
낯색을 고쳐 반기면서

우리는 넘보아도
삼생(三生)에 무관(無關)한 듯
이름마저도 모른다.

그 왜, 시골 그대들의 어버이들이
전해가지고 붙여오던
바우, 돌쇠, 똘마니,
개똥이, 쇠똥이, 억쇠,
칠성이, 곰, 만수,
이뿐이, 곱단이, 떡발이,
삐뚤이, 순이, 달,
서분이, 꽃분이,
이런 정답고 구수한 이름들 함께
우리 이름도 한번 들어보겠는가.

민들레, 냉이, 달래, 비름,
떡쑥, 토끼풀, 할미꽃,
범부채, 초롱꽃, 쐐기풀,
이런 것이야 누구나 알지만

홀아비꽃대, 염주괴불주머니, 광대수염,
개불알풀, 벼룩이자리, 개구리밥,
도깨비쇠고비, 퉁퉁마디, 무아재비,
며느리배꼽, 개미탑, 큰달맞이꽃,
처녀이끼, 도둑놈의갈고리, 도깨비바늘,
거지덩굴, 애기똥풀, 미치광이,
이렇듯 재미있고 천연(天然)스런
이름들을 들어보기나 했는가?

땅 속 줄기에다

홀아비 사추리의 무성한 것 같은
꽃수술을 달았으니
홀아비꽃대요,

통겨운 줄기에
꽃주머니가 양쪽으로 달렸으니
염주괴불주머니요,

홍자색(紅紫色) 입술 꽃부리로
아래턱이 세 갈래진 데다
두 장의 수염 같은 수술꽃이 달렸기에
광대수염이요,

온 몸에 짧은 털이 나고
잎은 뭉툭한 톱니를 가진 데다
불그레한 두 장의 꽃이
마치 덜렁덜렁 달린 무엇 같기에
개불알풀이요,

잎은 둥근 알 꼴
온 몸엔 가는 털이 끼어서
벼룩이 붙은 꽃 같기에
벼룩이자리요,

겨울 연못에도
눈을 맞으며 떠 있기에

개구리밥이요,

덩이줄기에다
길이 1미터나 되는 큰 잎이
광택을 내고 있어 그로테스크하기에
도깨비쇠고비요,

바닷가에
큰 마디가 줄기마다 달린
퉁퉁마디,

역시 바닷가에 살지만
굵은 무 같은데
거기다 수염이 달려
무아재비,

고운 여인 알몸의
꽃속이 피어서
며느리배꼽,

이삭꽃이
불개미 떼가 붙은 것같이
황갈색(黃褐色)으로 피기 때문에
개미탑,

큰달맞이꽃은

온 몸에 부드러운 융털이 있고
여름밤에는 노랑꽃이
크게 피어 어울리며

처녀이끼는
제주도 나무와 바위에
실꼴〔絲形〕로 흐느적거리고
잎과 홀씨주머니가 알을 품은 것 같다.

이름마저 흉측한 도둑놈의갈고리는
부스스한 열매가 한번 옷에 붙으면
떨어질 줄 모르고

도깨비바늘도 역시
바늘 같은 열매가 달라붙으며

거지덩굴은
더러운 손자국, 발자국처럼 지저분하고

애기똥풀은
노란 진물이 나오고

미치광이는
흙탕 같은 온 몸에 잎과 꽃이
어둡고 어지럽기 때문이다.

이외에도 며느리밑씻개, 참소리쟁이,
갓버섯, 벌레잡이제비꽃, 오랑캐꽃, 끈끈이주걱,
팔손이나무 등
우리 친구들 이름과 그들의 특징을
주워 섬기자면 한이 없다.

옛부터 일러오기를
하늘이 녹(祿) 없는 사람을 내지 않고
땅은 이름 없는 풀을 싹 틔우지 않는다
하지 않았는가!

사람들이 사람 위에 사람 없고
사람 아래 사람 없다고 부르짖으면서
길섶이나 밭 두렁이나 산비탈에
어느 누구의 신세도 안 빌리고
자연으로 싹터서 자연의 구실을 하다
자연히 스러지는 우리들의 본명(本命)!

그대 시인이란 것들마저
함부로 잡초라 부르고
소외하는가!

27

산에 기대어
섰다.

마치 거꾸로 매달린
불안이 있다

가로수와
행인이
가물거려 보인다.

길과
강이
평행선(平行線)으로 놓였다.

하늘!
이제 내 발끝에
닿아 있다.

28

산 등허리에
업혀 있다.

아버지 뒤통수에는
엄마 없는 적막(寂寞)이
서려 있다.

속절없는 나의 설움은
아버지, 산도 모른다.

29

산에 안겨 있다.

사추리를 내 놓고
졸졸졸 오줌을 싼다.

칙칙폭폭 칙칙폭폭
뛰뛰 기차가 지나간다.
할아버지산이 중얼거린다.
—북으로 가는 건 북간도행 열차!
—남으로 가는 건 피난민 열차!

드르르 드르르
바앙바앙
손자밭이 정정(訂正)을 한다.
—서울서 부산 가는 통일호차!
—부산서 서울 가는 통일호차!

산할아버지가 되묻는다.
—서울서 부산 가는 통일호차?
—부산서 서울 가는 통일호차?

밭손자가 자신 있게 다시 대답한다.

—서울서 부산 가는 통일호차!
—부산서 서울 가는 통일호차!

산은 현실을 모른다.
밭은 역사를 모른다.

30

밭이 들에서 노는데
기차가 지나간다.

차창(車窓)으로
사람들이
내다본다.

이유 모를 반감(反感)이
솟구친다.

'오도 가도 못 하는 신세……'
유행가 사설이 들려온다.

한 팔을 걷어붙이며
주먹질을 한다.

31

달린다
뛴다.

파밭이
마늘밭을
앞서서

무밭이
배추밭을
뒤따라

보리밭과
밀밭이
나란히

옥수수밭은
수수밭을
아득히 떨구며
키다리끼리
마라톤이다.

꼬마 고추밭은

꽈리밭과
초롱을 켜고 가기요

시금치밭과
상추밭은
이인삼각(二人三脚)으로
붙어서 뛰기요

콩밭과
팥밭은
줄줄이 과자를
매달기 내기다.

오이밭은
사다리를
기어오르고

참외밭은
럭비볼을 몰고

수박밭은
축구공을 굴리며

호박밭은
줄당기기
영치기 영차다.

꽃밭은
알록달록
꽃술을 흔들며
홍군(紅軍) 이겨라!

실과밭은
손에 손에
종이깃발을 휘저으며
백군(白軍) 이겨라!

봇도랑 너머
들깨밭이
수평대를 타고

산도벼밭은
산기슭에
물구나무를 서고

고구마밭은
모래 속에서
씨름을 하고

포도밭은
장애물을 넘고

비탈 메밀밭을

디디고 올라선
담배밭은 에헴!
산에 목말을 탔다.

야야!
야야!

밭과 밭은
릴레이를 하여

흐르는 강을
이긴다.

길가는 사람을
이긴다.

뛰는 삽살개를
이긴다.

굴러가는 자전거를
이긴다.

달리는 버스를
이긴다.

지프차를 이긴다.

하늘에 떠가는
구름을 이긴다.

날아가는 제비를
이긴다.

Z기를 이긴다.

차창 밖은
밭의 운동회,

만세!
만세!

32

누워
보는
하늘

높고
깊고
넓고

무한(無限).

33

러시 아워의 버스 안
수수가 빽빽이 서 있다.

고독한 군중*!

모두 피를 흘린다.

---

* 고독한 군중 : 리즈맨의 책 제목.

34

하늘엔
Z

내 마음엔
PAX*

어느 날의 성서오독(聖書誤讀) —

● PAX : 라틴어의 평화

35

밭에 전신주가
서 있다.

새야, 쉿!

밭은 방금
세계어(世界語)로 통화한다.

36

초생달꽃밭에는
옛 얼굴들이 산다.

봉선화 꽃술에서 내민 얼굴은
혼례(婚禮)를 치른 지 사흘만에
북간도로 떠나던 외사촌 누나,
색(色) 골무타래를 쥐어 주고선
목쉰 기적(汽笛)과 함께 떠나간 누나,
다홍으로 얼룩진 50년 전 그 얼굴이
소롯이 내다보고 있다.

코스모스에선 교리반(敎理班) 수녀의 얼굴!
악네스이던가 누시아던가
검은 고깔에 흰 수건으로 감싼 보얀 얼굴에
푸른 눈을 반짝이던
죄그만 내 가슴의 그리움이던
하늘하늘 키가 큰 서양수녀(西洋修女)가
빙그레 내다보고 있다.

국화(菊花)에서 내다보는
얼굴은 그 누구일까?

이북, 산소도 알 길 없는
어머님 시신의 얼굴 같기도 하고
거기 두고 온 처제의
상냥한 얼굴 같기도 하고
어쩌면 며느리 될 애의 얼굴 같기도 한데

초생달이 먹구름 뒤로 숨자
이제 꽃밭은 현기(眩氣) 같기도 하고
무서움 같기도 하여
으스스 한기(寒氣)가 든다.

원, 몸살이 나려는가?

37

나의 병든 밭에
분홍색 해조(海藻)가 운다.

쌕 쌕 호르륵
쌕 쌕 호르륵
소라의 피리소리를 낸다.

28년이나 가슴을 파먹는 벌레,
아무리 약을 흘려 넣어도
나날이 커만가는 공동(空洞)과 병소(病巢)!

내 숨지는 날에야
너, 균(菌)들의 도망가는 꼴을
보려는가?

민들레 마른 꽃술같이
스러져 흩어질
내 생명의 씨들은
어디로 날아가
꽃필 건가?

철책(鐵柵)으로 앞뒤를 막고

백포(白布)를 깐 적지(謫地)의 밤

약병과 약봉지들이
쓰레기더미처럼
머리맡을 덮었다.

38

암담한 북녘 하늘
핼쑥한 해
검정을 쓴 구름
우중충한 산
음산한 공기
냉랭한 바람

와병(臥病)
장장(長長)
20년

침윤(浸潤)
객혈(喀血)
공동(空洞)
누(瘻)

좌폐(左肺)를 파먹는 까마귀 떼
우폐(右肺)를 파먹는 갈가마귀 떼
잔등에 불이 난다.

쏟아져라
폭우

폭우

쳐라
벼락
벼락

저 이념(理念)의 허재비
머리 위에!

39

가을 하늘에
기러기 떼 날아간다.
내 앓는 가슴 위에다
긴 그림자를 지으며
북으로 날아간다.
한 마리 한 마리 꼬리를 물 듯이
일직선(一直線)을 그으며 날아간다.

팔락
  팔락
    팔락
      팔락
        팔락
          팔락
            팔락
내 가슴 공동(空洞)에 내려앉는다.

            도
          레
        미
      파

　　　솔
　　라
　　시
마지막 한 마리는
내가 붙잡았다.

　　　　팔딱
　　　　팔딱
　　　　팔딱
내 가슴이 뛴다.

　　　　끼럭
　　　　끼럭
　　　　끼럭
내 가슴이 운다.

끼럭
끼럭
끼럭
하늘이 운다.

　　　　끼럭
끼럭
나는 놓아 보낸다.

혼자 떨어져 날아가는 뒷모습이

나 같다.

가을 하늘에
기러기 떼 날아간다.
나의 가슴에
평행선(平行線)을 그으며 날아간다.

40

봄 가슬〔收穫〕이 끝난 후
재벌 심은 수수가
내 양말목만큼씩 하고
가을 채마는 어려서
아직 사추리를 내뵐 제
나는 수술실로 들어갔다.

잔등을 전기메스로 가르고
폐를 꺼내어 공동(空洞)을 째고
항생제로 씻어내고
갈비뼈 네 대를 잘라 누르고
도로 등을 꿰매고
이런 것을 공동절개(空洞切開)와
성형수술이라 한다.

1주일! 극한의 아픔과
몽혼(朦昏)의 나날이 지나서
등의 실을 뽑고
그리고 또 3주만에
다시 갈비뼈 두 대를 자르는
제2차 성형수술을 받았다.

이번엔 모두 끝마쳤다는 안도로
아픔을 이기면서
달포가 지나서야
일반 병동으로 옮겨왔다.

나는 그 이튿날
뼈가 마치는 등을 지고
지팡이를 짚고서
밭을 찾아 나섰다.
놀랐달까, 어이가 없달까
그 새 수수는 10년만에 보는
고향 애들처럼 자라서
나보다 목이 하나 더하고

배추는 친정에 온 조카딸들처럼
알을 배어 통이 앉고
무밭은 마냥 시퍼렇게
마치 연병소(鍊兵所) 마당 같다.

이날 밭에 나갔던 게 탈이 되어
열을 내고 드러누웠는 사이에
또 한 달이 지나갔다.

어느날 X레이를 찍으니
가성골(假成骨)이라는 게 생겨나서
첫째 갈빗대 9.7cm

둘째 갈빗대 15.5cm
셋째 갈빗대 16cm
넷째 갈빗대 19cm
다섯째 갈빗대 19cm
여섯째 갈빗대 14.5cm
자른 뼈와 뼈 사이를
이어놓고 있었다.

나는 다시 다음날
회생(回生)의 기쁨을 안고
밭에 나갔다.

그러나 수수는 더 자라지는 않고
무거운 고개를 드리우고 있었고
배추와 무도 알몸이 튀어나왔지만
한계인지 크지는 않았다.

높은 가을 하늘 다사로운 햇볕
한결 가벼워진 잔등에
신선한 바람을 맞으며
나는 이 이상 무슨 이적(異蹟)을
더 보려들고 바라겠는가.

41

가을이 끝난 채마밭은
잔치가 끝난 큰 상 같다.

귀로에 오른 해의 뒤통수가
서천(西天)에 보인다.

스며드는 적막(寂寞)은
상가(喪家)집 뒷끝과
별로 다르지 않다.

42

은싸라기를 뿌린 아침밭에
이 또한 머리에 흰 서리를 인
사나이가 우두커니 서 있다.

기름진 나날과
달디단 꿈을 엮고 나선 게 아니라
괴롭고 긴 밤을
몹시 시달리고 난 모습이다.

겹치는 재변(災變)에다
일손마저 굼떴던지
추수(秋收)도 못한 이 밭은
빈 나락과 마른풀만이 엉켜 뒹굴고
때아닌 곳에 푸성귀 몇 포기
그의 철모르는 자식들처럼
한구석 푸르게 자라고 있다.

금은(金銀)의 햇발을 받아
얼어붙었던 대지(大地)는
사내의 가슴처럼
한(恨)서린 입김을 내뿜는데

초동(初冬)의 매몰스런 바람 한 오라기
밭머리 고목 가지의
마지막 잎새를 흔들고 지나가며
사내의 눈에다
찬이슬을 맺혀 놓았다.

43

하늘이 망사를 쓰고
눈을 내린다.

나도 온몸 세포(細胞)의 문을
활짝 연다.

가슴이 촉촉이
젖어든다.

보도 듣도 못한
계집애 하나를
다시 처음부터
사랑해 보고 싶다.

〈전원교향악(田園交響樂)〉의
눈먼 소녀에게 듯
흰눈같이 시작하여
흰눈같이 끝나는
사랑을 말이다.

44

함경도 삼수갑산(三水甲山)
화전(火田) 감자밭엘 가끔 내려와
뒤져 놓고 망쳐 놓던
곰, 저 녀석이
로스켄가 호인(胡人)들의 따발총에 밀려서
태백산맥을 타고, 소백산맥을 타고
지리산도 춘향이가 살았다는
남원 양지받이 쪽 골짜기에 왔다더니

얼마만에 풍편(風便)에 듣자니까
서울 동물원엔가, 철창(鐵窓) 속엔가 갇혔다더니
또 어찌된 셈판인지
화신상회(和信商會) 꼭대기 위쯤
화장품 광고를 머리에 이고서
공중에 치켜 매달려 있으니

곰아! 너야말로 구름처럼
북으로 되흘러 가지도 못하고
그렇다고 나자렛 예수처럼
부활승천(復活昇天)도 못하고

원산, 기름진 덕원(德源) 들판에서 뛰쳐나와

대구, 부산으로 두 번이나 쫓겼다가
다시 서울로 기어 올라와
남산 기슭 성(城) 밑 무허가 판잣집
목마른 텃밭이 된
내 신세랑 네 신세
고약한지고.

45

어둠이 채 가시지 않은 새벽 밭에
검정 수단*을 걸친 수도자(修道者)들이
어떤 이는 두 무릎을 꿇어 장궤를 하고
어떤 이는 고개를 조아려 합장을 하고
어떤 이는 하늘을 우러러 두 팔을 벌리고
어떤 이는 묵주(默珠)를 드리고 거닐고 있다.

저들은 누구의 무슨 큰 죄를 울기에
아니 저들은 누구의
어떤 사랑을 맛보았기에
저렇듯 밤을 새워 애닯아 비는가?

                    *

뼛속까지 스미는 겨울 아침의
찬 공기를 맞으며 마시며
몸뚱이만 남은 나목(裸木)들이
밭에 막 멈춰 선다.

그 나무들 머리끝과 어깨 위와
양팔 옆구리와 두 손끝과
몰아선 다리와 발치에

그 여백(餘白)을 채워 놓은
저 무한(無限)한 청정(淸淨)!

                *

수도자(修道者)도 고목도 스러져 버리고
떠오는 태양 함께 아련히 떠오르는 모습,

처음엔 신라(新羅) 무지갯빛 숲,
동해 일출을 맞는 석굴암 속에
제각기 색색의 원(願)을 성취한
저 고운 보살들에게 옹위된
자비의 본존(本尊)!

이번엔 어린 고기 떼 비늘이
눈부시게 뛰는 아침 강가를
그리스도 폴*의 어깨에 목말을 타고
해죽해죽 웃으며 다가오는
사랑의 화신(化身)!

● 수단 : 가톨릭 수도복.
● 그리스도 폴 : 예수를 강가에 업어 건넸다는 성자.

46

‘파스칼’의 갈대만이
흰머리와 흰 구레나룻을
바람에 휘날리고 있었다.
휴전선(休戰線) 밭!

47

오늘 아침
내 밭에는
흰눈이 쌓이고
그 위를 맑은 공기만이
흐르고 있다.

48

흰눈이 덮인 밭이랑은
파도가 밀려오는
바다.

저기 등을 구부리고
엎딘 바위는
전함(戰艦)의 흉물스런 꿈을
되씹고 있다.

고목 가지에
잎사귀 하나
조난선(遭難船)에서 흔드는
깃발같이 숨찬 데

이 바닷속에서
푸른 보리싹들이
줄 떼를 지어
놀고 있다.

49

내 가슴 동토(凍土) 위에
시베리아 찬바람이 살을 에인다.

말라빠져 엉켜 뒹구는 잡초(雜草)의 밭
쓰레기 구덩이엔
입벌린 깡통, 밑나간 레이션 박스,
찢어진 성조지(星條紙), 목 떨어진 유리병,
또 한구석엔 총 맞은 삽살개 시체,
전차(戰車)의 이빨자국이 난 밭고랑엔
말라 뻐드러진 고양이의 잔해,

저기 비닐 온상(溫床) 같은 천막 앞
피묻은 바지가랑이가 걸린
철망(鐵網) 안을 오가며
양키 병정이 휙휙 휘파람을 불면
김치움 같은 땅 속에서
노랗고 빨갛고 파란
원색의 스카프를 걸친 계집애들이
청개구리들처럼 고개를 내민다.

하늘이 갑자기
입에 시꺼먼 거품을 물고

갈가마귀 떼들이 후다닥 날아
찌푸린 산을 넘는데

나의 잔등의 미칠 듯한 이 개선(疥癬)!
나의 가슴을 치밀어 오르는 이 구토(嘔吐)!
어느 누구를 향한 것이냐?

50

영하 18도의 이름도 없는 강추위
꽃들은 수궁(水宮) 같은 온실(溫室) 속에서
꼼짝도 안하고
마늘밭은 볏집이불을 뒤집어쓰고
기척도 없고
미군숙사(美軍宿舍)같이 노랑 비닐천막을 친
푸성귀밭들만이
그래도 부산한데

보리밭 나만이 알몸으로
아니 전선(前線)의 우리 졸병들과 함께
가슴에 푸른 불꽃을 태우며
이 안으로 광기(狂氣)를 품은
냉엄한 계절의 의미도 잘 모르면서
아아, 저 강 건너 밭들과 겨루면서
견디며 이기고 있다.

51

1 · 4 후퇴, 체인도 안 단 트럭이
오르다간 미끄러지고
오르다간 미끄러지는 고갯마루서
그 운전대 옆에 타고 앉아
차라리 조바심을 지우려고
멀리 내려다 본 골짝에
흰눈에 떨어진 검정 보자기처럼
보이던 그 밭,

가족들을 데리고 복귀(復歸)하는 길
만발한 철쭉꽃에 싸여서
버짐 먹은 아이의 대가리처럼
부옇게 패어 있던 그 밭,

형무소(刑務所)에서 나와
시골집으로 가면서 기웃해 본
강냉이 이삭이 우수수 우수수
몰려 서 있던 그 밭,

김천, 대구 사이 신동(新洞)고개 골짜기
나환자들의 피고름과 눈물이
얼룩져 있던 그 밭,

이국(異國) 병상(病床)* 수술대(手術臺) 위에서
마지막 보이던 고토(故土),
그 산뙈기 밭!

---

* 이국 병상 : 나는 1965년 일본서 두 차례의 폐수술을 받았다.

52

날이면 날마다
너를 마주하고 있다.

너는 개었다, 흐렸다
보슬보슬, 부슬부슬,
주룩주룩, 좍좍,
우당탕 퉁탕, 탁, 딱,
오만상을 하지만

나는 갑갑도 참고 짜증도 참고
설움도 참고, 기쁨도 참고
가려움도 참고,
저 삶의 아비규환(阿鼻叫喚)도, 허막(虛漠)의 파도소리도
못 들은 체하고

그저 너의 풀지 못할 그 속을 우러르며
너무나 보아서 생판 남 같기만 한
그러나 그대 향하여 내 안에 핀
말도 못할 사랑을 품고
은행(銀杏)처럼 마주하고 있다.

53

대밭에는
무엇이 들어앉았는가?

천년 묵은 이무기 양주(兩主)가
의좋게 방석을 틀고
마주 앉았는가?

머리 푼 원혼(冤魂)이
입술에 피를 묻히고
흐트러진 매무새를
고치며 있는가?

돌미륵이 발이 저려서
가끔 자리를 바꾸며
서성대고 있는가?

바삭 바삭
버석 버석

쑥!

아니, 엉금엉금 두꺼비

네가 그 큰 눈망울을 굴리며
옴잔등을 긁고 있었구나.

54

나는 또 하나의
호수(湖水)다.

아니, 강이다.

하마, 바다다.

내 연못
꽃밭에는

노랑
빨강
분홍
연두

색색의 고기들이
놀고 있고

고추밭과
딸기밭엔
금붕어,

텃밭에는
푸성귀들이
민물고기로
꼬리를 치고

동구(洞口)를 빠져
들로 나가면

감자밭엔 싸리조개
고구마밭엔 비단조개

참외밭엔 낙지
수박밭엔 문어

이제 여기는
실향(失鄕) 원산!
앞바다인가 봐?

보리 명태
수수 정어리
조 고등어
밀 청어
콩 도루묵
팥 갈치
깨 짤대
메밀 가자미

옥수수 새우들이
떼를 지어
몰려 있다.

오물
오물
쌕쌕
쫄쫄
흐물
흐물
쏴쏴
휘휘

찰싹이는 기슭에
푸성귀들은
솔솔 마시고

바다 한가운데
나락이나 나무들은
쎅쎅 마시고

상어나 고래 같은
느티나무 고목들은
벌컥 벌컥
빨아들이고

저기 숲 속엔
심해어(深海魚)인
머루
다래
고사리
취
도라지
더덕

또 저기는
해초(海草)의 칡넝쿨과
산호(珊瑚)같이 진기한
산삼(山蔘)도 보인다.

55

색동저고리에 남치마
붉은 댕기를 치렁거리는
처녀가 꽃바구니를 들고

노랑 저고리 다홍치마에
앞치마를 살짝 두른
옥(玉)비녀의 새댁이 꽃양푼을 들고

흰 저고리에 회색 치마
조바위를 곱게 쓴 아주머니가
색(色) 광주리를 들고

노고지리 들판에
봄나물을 캐고 있다.

푸른 구름과 같은 소나무와
잔꽃들이 깔린 언덕으로
비단 남조끼를 입은 동자(童子)가
살찐 암소를 타고
퉁소를 불며 가까이 오고

논과 밭으로 아득히 짜여진 들 멀리

이화(梨花), 도화(桃花)가 활짝 핀 꽃숲 밑
비단조개의 지붕들이 보인다.

아마 이런 날 제비는
박씨를 물고 와
흥부를 불러냈을 것이다.

　　　*

솜이 비죽이 나온 흰 저고리에
잿물을 들인 몸뻬를 걸치고
땟국의 수건을 쓴 노파가
삭은 싸리 바구니를 들고

병정 작업복 바지에
헌 양복 웃저고리를 걸친 젊은댁이
찌그러진 냄비를 들고

구호품(救護品) 스웨터에다 짤룩한 홑치마
그 아래 줄무늬 속옷을 걸친
흐트러진 머리의 처녀가
이 빠진 쪽박을 들고

갈가마귀 떼 날아다니는 들판을
철 이른 봄나물을 캐려고 헤매고 있다.

버짐이 먹은 듯 허옇게 타는 논
비듬이 일 듯 먼지만 나는 밭
썩은 초가지붕 뒷산엔
껍질이 벗겨진 소나무

무덤 같은 산언덕으로
아침에 나물죽을 흘리고
학교선 점심도 거르고
휘청이며 돌아오는 소년의
비닐 책보만이 덜렁인다.

*

젖빛 물이 괸 논과
푸른 불길을 뿜는 밭과
과수(果樹)가 늘어선 저 언덕
청홍색(靑紅色) 지붕이 늘어선 마을에서
베폭처럼 깔린 농로(農路) 위로
젊은 부부를 태운 경운기가
신나게 달려온다.

함성같이 꽃이 핀 뒷동산과
노고지리 솟아오르는 들판은
수틀 같은 정경으로 아롱져서
이제 보릿고개는 전설이 되고
사람과 자연은 원색(原色)을 되찾았다.

태양의 용광로(鎔鑛爐)가 엎질러 쏟아지는
밀림(密林) 속에다
김칫돌만한 부시로
두꺼비손을 깨면서
생불을 지른다.

충천하는 불길!
삽시에 정글은 불바다다.

로스케나 양키같이
하늘로 치솟은 거목(巨木)들과
기름가마에 절은 호인(胡人) 녀석의
아름드리 고목들과
지난 세월 광기(狂氣)의 의미도 모르는 채
남북의 군사가 집총(執銃)을 하듯
빽빽이 늘어선 잡목(雜木)들과
현실의 증오와 적개심으로
가시가 돋친 덤불과
역사의 악순환으로 얽히고 설킨
인업(因業)의 칡덩굴들과
모든 권력의 숲과
모든 조직의 뿌리까지

그저 이 세기(世紀)의 사각일대(死角一帶)가
뇌성벽력(雷聲霹靂)을 내며
포탄소리를 내며
송두리째 뒤집히며 불타오른다.

이 무주공산(無主空山)을 지배하여
저 혼자만의 세상처럼 으르렁대던
호랑이 표범 같은 맹수들도
꽁지에 불을 달고 줄도망을 치며
진창 제 배만 불리던
곰, 너구리, 멧돼지 족속들은
참호 같은 불구덩이에 통째로 빠지고
뱀, 여우, 늑대, 삵괭이같이
간사한 무리들은
마지막 순간까지 눈을 해번득이면서
살 구멍을 찾아 요리 뛰고 저리 뛰고
올빼미, 박쥐 같은 날도둑들과
정보망(情報網)을 드린 거미들,
옴두꺼비, 땅두더쥐, 쥐새끼 같은
첩자와 정탐꾼 들,
요쪽 저쪽 붙어먹던 무리들,
세상 제멋대로 지껄여대던
소음(騷音)의 새 떼들 둥주리까지
아니, 더러는 무죄(無罪)한 청개구리마저
탄다.
뻐드러진다.

질식(窒息)의 매연(煤煙) 속을 뛰며
곤두박질하며 뒹군다.
신음하고, 포효하고 비명을 지른다.
낭자한 피마저 타들어 간다.
지글지글 타들어 간다.

넘실거리는 불길의 파도!
타오르는 불길의 산악(山岳) 속에서
이 강토와 겨레의
모든 주박(呪縛)이 스러지고
모든 속박(束縛)이 풀린다.
오오 타라, 타오르라.
한 달도 석 달도 타오르라.

그리고 모든 것이 연기와 재로 사라진 뒤,
피비린내 나는 음산(陰散)마저 가시고 난 뒤,
화장장(火葬場)의 고요와 산모(産母)의 해방감 속에서
출현하는 신영토(新領土)!
상흔(傷痕)을 아물리는 새 살처럼
강단(强斷)된 남북(南北)을 합쳐 놓은 원야(原野)!

거기 노아의 방주(方舟)에서 갓나온 듯한
사내와 계집들이
패랭이 고깔을 쓰고
징을 울리고 북을 두드리며
피리를 불고 꽹과리를 치며

나아간다.
땅을 판다.
밭을 일군다.
씨를 뿌린다.
원혼(寃魂)과 선령(善靈)들의 귀기(鬼氣)마저
불살라 버리고 난
이 크낙한 새 밭에
세기(世紀)의 아침을 맞아
새로 모실 이는
오직 자주(自主)와 근로(勤勞)와 화락(和樂)의 삼위일체다.

● 이 밭은 어느 화전민(火田民)의 꿈이다.

57

내 영혼은 오늘도
중천(中天)을 떠돌다가
연처럼 줄이 끊어져서
때마침 겨울 찬바람을 타고
어디론지 사라져버려
나도 모른다.

58

나는 아직도 하늘에서 땅에서
또 사람에게서
아무 소리도 듣지 못했노라.

보지도 못했노라.

내 가슴에 피고 스러진
억만(億萬)의
억만 사연을

단 한마디 내지도 못했노라.

59

내 영혼은 본시(本是)부터
눈멀어 태어났는가?

날이면 날마다
전신(全身)의 눈알을 죄다 밝히고
너 하늘을 쳐다보지만
오오 무명(無明)과 허무(虛無)의 조우(遭遇)…….

60

우리보다 한 발자국 먼저
아니 태초(太初)로부터
태양계(太陽系)를 돌며 돌며
너 받아!
우주(宇宙)를 유영(遊泳)하고 있었구나.

61

내 신록(新綠)의 시계(視界)에
밭이 보인다.

우주선에서 내려다 본
불 접시의 지평선!
그런 순수의 발광체(發光體)다.

죄와 미움은 지류(地流)로 녹아 흘러
만물 근원의 영양이 되고
지상의 사랑과 미덕은
노곤함이 없는 훈풍(薰風)이 되어
무상(無常)이 계절을 염미(艶美)롭게
물들이는 밭,

이제 인공(人工)과 자연(自然)은
상(傷)함이 없이 교류하여
창조(創造)와 소유는 경계가 없고
무지(無知)는 전지(全知)와 불이(不二)의 것이며

죽음은 명백한 휴식이요
삶은 윤회(輪廻)에서 해방된다.

모든 미(美)는 이성의 정지(靜止)로서
영속(永續)되고
감정(感情)과 운동(運動)도 핵(核)의 강이듯
보편(普遍)과 단일(單一)하다.

오직 상상(想像)만이
색색(色色)의 꽃술이듯, 원(願)이듯,
방순(芳醇)한 술을 제 항아리에 채우듯
저마다 넘쳐흐른다.

자유와 섭리(攝理)는 마찰이 없으며
오늘까지 업(業)으로 만난
신(神)들은 스러져버려야 한다.

새 우주 생성의 시험대가 된
인간의 문명과 지구의 역사는
복원(復元)이 아닌 새 살로 아물어
모든 성좌(星座)와 교향(交響)을 완성한다.

분노(憤怒)와 반감(反感) 속에서
퇴폐(退廢)와 몽환(夢幻) 속에서
성급(性急)과 나태(懶怠) 속에서
바닥도 없는 불안과
절망의 골짜기에서
좌절의 연속과
그 수치(羞恥)로써

허무(虛無)와 신앙(信仰)의 맹점(盲點)에다
내가 창건(創建)하는 '유토피아'

나의 밭
신록의 밭이 보인다.

허무(虛無)와 신앙(信仰)의 맹점(盲點)에다
내가 창건(創建)하는 '유토피아'

제 4 부

○

그리스도 폴의 강

프롤로그

그리스도 폴!
나도 당신처럼 강을
회심(回心)의 일터로 삼습니다.

하지만 나는 당신처럼
사람들을 등에 업어서
물을 건네주기는커녕
나룻배를 만들어 저을
힘도 재주도 없고

당신처럼 그렇듯 순수한 마음으로
남을 위하여 시중을 들
지향(志向)도 정침(定針)도 못 가졌습니다.

또한 나는 강에 나가서도
당신처럼 세상 일체를 끊어버리기는커녕
욕정(欲情)의 밧줄에 칭칭 휘감겨 있어
꼭두각시모양 줄이 잡아당기는 대로
쪼르르, 쪼르르 되돌아서곤 합니다.

그리스도 폴!
이런 내가 당신을 따라

강에 나아갑니다.

당신의 그 단순하고 소박한
수행(修行)을 흉내라도 내 가노라면
당신이 그 어느 날 지친 끝에
고대하던 사랑의 화신을 만나듯
나의 시도 구원의 빛을 보리라는
그런 바람과 믿음 속에서
당신을 따라 강에 나아갑니다.

1

아침 강에
안개가
자욱 끼어 있다.

피안(彼岸)을 저어가듯
태백(太白)의 허공 속을
나룻배가 간다.

기슭, 백양목(白楊木) 가지에
까치가 한 마리
요란을 떨며 날아다닌다.

물밑의 모래가
여인네의 속살처럼
맑아온다.

잔 고기떼들이
생래(生來)의 즐거움으로
노닌다.

황금의 햇발이 부서지며
꿈결의 꽃밭을 이룬다.

나도 이 속에선
밥 먹는 짐승이 아니다.

2

산들이 검은 장삼(長衫)을 걸치고
다가앉는다.

기도소(祈禱所)의 침묵이 흐른다.

초록의 강 물결이
능금빛으로 물들었다가
금은(金銀)으로 수를 놓다가
설원(雪原)이 되었다가
이 또한 검은 망사(網紗)를 쓴다.

강 건너 마을은
제단같이
향연이 피어오르고

나루터에서
호롱을 현 조각배를 타고
외론 영혼이 저어나간다.

3

강이 숨을 죽이고 있다.
기름을 부어 놓은
유순(柔順)이 흐른다.

닦아 놓은 거울 속에
구름 한 점 없는 하늘이
마냥 깊다.

선정(禪定)에 든 강에서
나도 안으로 환해지며
화평(和平)을 얻는다.

4

바람도 없는 강이
몹시도 설렌다.

고요한 시간에
마음의 밑뿌리부터가
흔들려 온다.

무상(無常)도 우리를 울리지만
안온(安穩)도 이렇듯 역겨운 것인가?

우리가 사는 게
이미 파문(波紋)이듯이
강은 크고 작은
물살을 짓는다.

5

강에 바람이 인다.
진갈맷빛 물살이
이랑을 지으며
모새 기슭에
파도를 친다.

강도 말 못할 억울을
안으로 지녔는가?
보채듯 지줄대며
사연이 많다.

하늘은 먹구름을 토하고
바람은 포목(布木)으로 휘감긴다.

창백히 질려 있는 모래톱에서
갈가마귀 떼들이 날아
비안개 낀 산을 넘는다.

6

강에 은현(銀絃)의
비가 내린다.

빗방울은 물에 번지면서
발레리나가 무대인사를 하듯
다시 튀어 올라 광채(光彩)를 짓고
저 큰 흐름 속으로
사라지고 만다.

강은 이제 박수소리를 내다.

7

아지랑이가 아물거리는 강에
백금의 빛이 녹아 흐른다.

나룻배가 소년이 탄 소를
싣고 온다.

건너 모래톱에
말뚝만이
홀로 섰다.

낚싯대 끝에
잠자리가 조은다.

멀리 철교 위에서
화통차(火筒車)가
목쉰 소리를 낸다.

풀섶에 갓 오른
청개구리가
물끄러미 바라본다.

8

5월의 숲에서 솟아난
그 맑은 샘이
여기 이제 연탄빛 강으로 흐른다.

일월(日月)도 구름도
제 빛을 잃고
신록(新綠)의 숲과 산은
묵화(墨畵)의 절벽이다.

암거(暗渠)를 빠져 나온
탐욕(貪慾)의 분뇨(糞尿)들이
거품을 물고 둥둥 뜬 물 위에
기름처럼 번득이는 음란(淫亂)!

우리의 강이 푸른 바다로
흘러들 그 날은 언제일까?

연민(憐憫)의 꽃 한 송이
수련(睡蓮)으로 떠 있다.

9

붉은 산굽이를 감돌아 흘러오는
강물을 바라보며
어느 소슬한 산정(山頂) 옹달샘 속에
한 방울의 이슬이 지각(地殼)을 뚫은
그 순간을 생각한다네.

푸른 들판을 휘돌아 흘러가는
강물을 바라보며
마침내 다다른 망망대해(茫茫大海)
넘실 파도에 흘러들어
억겁(億劫)의 시간을 뒤치고 있을
그 모습을 생각한다네.

내 앞을 유연(悠然)히 흐르는
강물을 바라보며
증화(蒸化)를 거듭한 윤회(輪廻)의 강이
인업(因業)의 허물을 벗은 나와
현존(現存)으로 이 곳에 다시 만날
그 날을 생각한다네.

10

저 산골짜기 이 산골짜기에다
육신의 허물을 벗어
흙 한 줌으로 남겨놓고
사자(死者)들이 여기 흐른다.

그래서 강은 뭇 인간의
갈원(渴願)과 오열(嗚咽)을 안으로 안고
흐른다.

나도 머지않아 여기를 흘러가며
지금 내 옆에 앉아
낚시를 드리고 있는 이 막내애의
그 아들이나 아니면 그 손주놈의
무심한 눈빛과 마주치겠지?

그리고 어느날 이 자리에서
또 다시 내가 찬미(讚美)만의 모습으로
앉아있겠지.

11

그저 물이었다.
많은 물이었다.
많은 물이 하염없이
흘러가고 있었다.

흘러가면서 항상
제자리에 있었다.
제자리에 있으면서
순간마다 새로웠다.

새로우면서 과거와
이어져 있었다.
과거와 이어져 있으면서
미래와 이어져 있었다.

과거와 미래가 이어져서
오직 현재 하나였다.
오직 하나인 현재가
여러 가지 얼굴을 하였다.

여러 가지 얼굴을 하고서
여러 가지 소리를 내었다.

여러 가지 소리를 내면서
모든 것에 무심하였다.

무심하면서 괴로워하고
괴로워하면서 무심하고
무심하게 죽어가고
죽어가면서 되살아왔다.

12

숨을 죽이고 흐르고 있다.
숨이 차서 흐르고 있다.

미소를 지으며 흐르고 있다.
우울에 잠겨서 흐르고 있다.

침묵의 데모행렬처럼
소리 없이 함성을 지르며
흐르고 있다.

향두(香頭)가락이 멎은 상여의 행렬처럼
오열(嗚咽)을 안으로 삼키며
흐르고 있다.

13

강에는
봄에
봄이 흐른다.

강에는
여름에
여름이 흐르고

가을에는 가을이
겨울에는 겨울이
흐른다.

강에는
행복한 이가 오면
기쁨이 출렁이고

고독한 이가 오면
시름이 하염없고

사랑끼리가 오면
사랑이 녹아 흐른다.

강에서
자연도 우리 마음도
제 모습을 찾는다.

14

강은 구지레한 마음이 없이
순수한 육신만으로
영원 속의 시간처럼
흐르고 있다.

강은 허접스런 육신이 없이
순수한 마음으로
시간 속의 영원처럼
흐르고 있다.

강은 마음도 육신도 아닌
허무(虛無)의 실유(實有)로
흐르고 있다.

15

무참하게도 군데군데
내장을 드러내고 있는
한강(漢江)

썩어 냄새가 나는
연탄빛 흐름 위에
매연을 뒤집어쓴 하늘과
그 속에 병든 희부연 태양이
오물(汚物)처럼 번득인다.

강 복판 여기저기
준설선(浚渫船)과 포크레인이
무법자(無法者)들처럼 힘을 과시(誇示)하여
굉음(轟音)을 발하고

철교와 인도교 위를
차량들이 꼬리를 물어
─황금의 우상(偶像)을 쫓는 무리들과
─새 모세를 찾는 무리들을 싣고
미친 듯이 달린다.

엉성한 잡초 사이 웅덩이에서

입술을 축인 물새 한 마리가
애절한 울음을 남기고
포물선을 그으며 날아가는데

여위어서 찰싹이지도 못하는
절망의 흐름 위에
그 옛날 출렁이고 넘치던
추억의 강을 그리며

멀건히 우러른 나의 눈에
남산(南山)도 우거지상이다.

16

강은
과거에 이어져 있으면서
과거에 사로잡히지 않는다.

강은
오늘을 살면서
미래를 산다.

강은
헤아릴 수 없는 집합이면서
단일(單一)과 평등(平等)을 유지한다.

강은
스스로를 거울같이 비워서
모든 것의 제 모습을 비춘다.

강은
어느 때 어느 곳에서나
가장 낮은 자리를 택한다.

강은
그 어떤 폭력이나 굴욕에도

무저항(無抵抗)으로 임하지만
결코 자기를 잃지 않는다.

강은
뭇 생명에게 무조건 베풀고
아예 갚음을 바라지 않는다.

강은
스스로가 스스로를 다스려서
어떤 구속(拘束)에도 자유롭다.

강은
생성(生成)과 소멸을 거듭하면서
무상(無常) 속의 영원을 보여준다.

강은
날마다 판토마임으로
나에게 여러 가지를 가르친다.

17

향교(鄕校)가 보이는 마을
한복판을
개울이 흐르고 있었다.

통나무를 쪼개서 가로지른
다리 밑 양쪽 가에는
빨랫돌들이 놓이고
둑 위에 선 늙은 소나무에는
해묵은 까치집이 보였다.

버드나무 가지가 물살까지 드리운
웅덩이에는
개구리들이 텀벙거리고
소달구지가 오가는 여울에는
잔고기 떼들이 흐름을 거슬러 올랐다.

내가 그 개울에다 띄운
외사촌 누나가 접어준 종이배는
난파(難破)도 모르는 채
오늘은 이 강을 떠가고 있다.

18

눈에 보이는 강의
그 땅 밑으로
또 하나의 깊고 넓은 강이
흐르고 있다.

지층(地層)의 망사(網紗) 같은 눈구멍을
세로 가로 뚫으며
실로 캄캄한 어둠 속을
새벽의 날빛처럼 반짝이며
흐르고 있다.

그 백금(白金)의 강에는
동물이나 식물의 화석(化石)들과
더러는 인간의 시신(屍身)들이
범선(帆船)들처럼 떠있고

그 죽은 오브제들이
살아서는 안으로만 품었던
꿈과
사랑과
눈물과
원한과

기도가
증기(蒸氣)가 되어
자욱히 서려 있다.

표백(表白)도 표상(表象)도 못하는
나의 시심(詩心)도 이미 함께―.

19

나의 서실(書室) '관수재(觀水齋)'에는
'관수세심(觀水洗心)'이라는
여초(如初) 거사(居士)*의 편액(扁額)이
걸려 있다.

나는 창으로 바라보이는
연탄빛 흐름의 한강(漢江)에다
똥자루 같은 내 마음을
날마다 헹궈보지만
희어지기는커녕
날로 꺼멓게 썩어만 간다.

그래서 걸레스님*을 모셔다
법문을 청했더니
그는 흰 종이에다
알몸 없는 여인의
두 유방(乳房)을 그려준다.

화두(話頭)의 유방을 쳐다보며
한동안 몰두했었지만
나의 똥자루는 나날이
악취만 더해갔다.

하루는 오랜만에
아시시 프란체스코 성인을 찾았더니
—나의 친애하는 똥자루 형제님!
　똥자루는 냄새가 나고 썩어가야지,
　밀가루, 그것도 나이롱부대가
　될래서야
일갈(一喝)이다.

아직은 그 한 봉(捧)에 얼얼하여
제정신이 아니지만
조금은 눈곱이 떨어지는 것 같다.

<hr>

● 여초거사 : 서예가 김응현(金膺顯) 님
● 걸레스님 : 선화가 고중광(高重光) 님

20

오늘도 신비(神秘)의 샘인 하루를
구정물로 살았다.

오물과 폐수로 찬 나의 암거(暗渠) 속에서
그 청렬(淸洌)한 수정(水精)들은
거품을 물고 죽어갔다.

진창 반죽이 된 시간의 무덤!
한 가닥 눈물만이 하수구를 빠져나와
이 또한 연탄빛 강에 합류한다.

일월(日月)도 제 빛을 잃고
은총의 꽃을 피운 사물들도
이지러진 모습으로 조응(照應)한다.

나의 현존과 그 의미가
저 바다에 흘러들어
영원한 푸름을 되찾을
그 날은 언제일까?

21

구렁이 잔등처럼
번득이며 흐르는
강.

지상의 요철(凹凸)이
그 모습을 가린 어둠 속에
대지의 정령(精靈)처럼 흐르는
강.

별도 없는 이 밤
흰 피를 흘리며
천형(天刑)처럼 지새워 흐르는
강.

22

내 머리 속에도
또 하나의 큰 강이
흐른다.

고요한 시간
그 강을 이루고 있는
물방울들의 수런거리는
소리를 듣는다.

나는 그 낱낱의 지저귐 속에서
60년 전 어머니의 자장가를 듣기도 하고
잊었던 옛 사연들을 만나 회포를 풀기도 하고
오묘한 목숨의 교향악(交響樂)에 취하기도 한다.

내 머리 속의 강 한 끝에도
저 산정(山頂)의 그윽한 옹달샘이 있고
또 한 끝에는 망망(茫茫)한 바다가 있지만
그 이상의 수원(水源)과 피안(彼岸)은
신비일 뿐이다.

23

강도 날마다 때에 따라
그 표정이 다르다.

어떤 날은
환한 얼굴로
기쁨에 차 있고

어떤 날은
우중충한 얼굴로
우울해 있고

어떤 때는
낯이 핼쑥해서
질려 있고

어떤 때는
낯이 시뻘개서
흥분해 있고

어떤 때는
푹푹 한숨을
쉬고 있고

어떤 날은
훌쩍훌쩍
울고 있다.

강도
내 마음을
닮았는가?

24

오늘 마주하는 이 강은
어제의 그 강이 아니다.

내일 맞이할 강은
오늘의 이 강이 아니다.

우리는 날마다 새 강과
새 사람을 만나면서
옛 강과 옛 사람을 만나는
착각을 한다.

25

아침 강에
안개가 자욱 끼어 있다.

물도
흐름도
수평선(水平線)도 안 보이고
강은 태허(太虛)의 섬이다.

그러나 내 눈에는 강이 흐른다.
내 머리에도 강이 흐른다.
내 마음에도 강이 흐른다.
저 멀리 수평선도 보인다.

26

초겨울의 일모(日暮)
한강(漢江)이 흐르고 있다.

양 기슭과 가로지른 다리 위를
질주하는 차량들의 요란히
이 강을 더욱 호젓하게 하고

식어 가는 햇발이
강심(江心)의 한 자락에 드리워 있어
더욱 곤핍(困乏)을 드러낸다.

마치 긴 여로(旅路)의 나그네처럼
피로하고 초췌한 모습의 이 강

그래도 언젠가는 바다에 흘러들어
푸르름을 되찾을 그 날을 그리며
배를 움켜쥐고 다리를 절면서도
머무르지 않고 흐르고 있다.

27

강에 눈이 내린다.
내 가슴에 한 가닥 온기(溫氣)만 남기고
가버리는 꿈결 속의 여인처럼
자취도 없이 사라진다.

순수한 아름다움은
이렇듯 단명(短命)한 것인가?

어떠한 진실을 고(告)하려고
흰눈은 소리도 없이 내려서
순식간에 물로 변신하는가?

나의 안에서 피고 스러진
억만(億萬)의 사념(思念)들은
어디로 가서 무엇이 되었을까?

멀리서 기항지(寄港地) 잃은
뱃고동이 들린다.

·

28

나는 음악에 취하듯
강을 바라본다.

내가 나를 잊고
내가 나이기를 멈춘 이 시간
이 얼마나 황홀한 상태냐!

나는 이제 한 방울의 물
거대하게 펼쳐진
흐름의 리듬 속에서

욕망도 없이
미혹도 없이
분별도 없이

투명한 실유(實有)와 하나가 되어
요람 속의 순한 아기가 된다.

29

강이 꽝꽝 얼어
시체처럼 뻐드러져 있다.

창백하게 굳어진 얼음판 위에는
군데군데 버짐모양
모래무덤이 보이고

지푸라기들이 흠집처럼 얼어붙은
얼음판 속에
화석(化石)동물이 입에 문 풀잎새처럼
배추 잎사귀 하나가 보인다.

태공망(太公望)들이 뚫었는가?
폐(肺)의 공동(空洞) 같은 얼음 구멍 속에
물빛은 유난히 영롱한데

'그 다음날'*의 겨울에도
저 얼음 밑의 흐름처럼
인류는 살아남을 것인가?

여기 뚜껑을 연 관(棺) 속의 해골처럼
앙상한 팔다리를 벌리고 누워서

공허한 눈을 하고 있는
한강(漢江)을 바라보며

나는 희망도 절망도 못한다.

30

강은 쉼 없는 긴장을
안으로 지니고 새겨서
유유하게 보인다.

강은 끊임없는 장애를
안으로 견디고 이겨서
태평하게 보인다.

강은 뭇 생명에게 베풀면서
갚음을 바라지 않아서
무심하게 보인다.

안으로 땀 흘리고
안으로 괴로워하고
안으로 눈물짓는

강……

오직 밖으로는 염화(拈華)의 미소를
지으며 흐른다.

31

난다.
포르르
푸르르
떼를 지어 난다.
팔락
팔락
팔락
팔락
비닐을 걸친 겨울바람과
젖빛 허공을 가로 세로 찢으며
삐삐삐
끼끼끼
철새들이 난다.

한 떼의 무리들은 곡예를 하듯
치솟았다가 곤두박질을 치는가 하면
다시 솟아 휘어서 원을 그리고

또 한 떼의 무리들은 농악(農樂)의 진(陣)처럼
서로가 휘감겼다가는 흐트러지고
흩어졌다가는 다시 휘감기고

더러는 혼자서, 더러는 쌍쌍이
때로는 온 새떼들이 함께 떠올라
강심(江心)에서 중천(中天)까지의 하늘무대에서
쉬임없이 군무(群舞)를 벌인다.

여기는 낙동강 7백리 하구(河口),
흘러온 강물과 밀려온 바닷물이
이산가족(離散家族)처럼 얼싸안고 만나는 곳

때마침 가덕도(加德島) 산머리 낙조(落照)를 받으며
갈대 우거진 을숙도(乙淑島) 모래톱에는
떨어져 흩어진 꽃무더기모양
고니 떼들이 모이를 줍고 있고

잔설(殘雪)이 쌓여 있는 '대마등'에는
갈숲에서 들락거리는 요정(妖精)인 양
청둥오리들이 옹기종기 노니는데

이 천연의 절경을 난도질 하려고
저 나루터쪽 하구(河口) 댐 공사장에서는
무법자(無法者)의 모습을 한 준설선(浚渫船)과 포크레인이
흉물스런 굉음을 울리고 있다.

32

흰눈이 덮인 밭과 밭 사이
우리 국토 모양을 짓고
얼었던 강이 녹아 흐른다.

아직도 얼음은 둘로 갈린 허리 응달에서
포문(砲門), 총구(銃口), 칼날처럼 줄줄이 번득이고
강 한복판 모래무덤들은 태극기를 만들기도 하고
제주도나 울릉도나 남해군도(南海群島)를 이루기도 하고
양측 기슭으론 진남포, 신의주
원산, 서호진(西湖津), 청진항(淸津港)을 이루고 있다.

남향(南向)받이엔 버드나무들이
은회색(銀灰色) 쥐새끼를 가지마다 붙이고
벌써 눈이 트고 있는데
건너편 북향(北向)받이 나무들은
표독한 가시를 돋친 채
아직도 물기가 감감이다.

중천(中天)에 친 황금사(黃金絲) 그물에
어린 해들이 걸려 하늘거리고
강속에는 수초(水草)들이 꼬리를 친다.

며칠 전만 해도 꽝꽝 얼어붙었던
이 사각지대(死角地帶)!
지나간 우리의 미움처럼
이제는 우리의 사랑처럼
녹아 흐르고

저기 흉물스레 놓여 있던
'돌아오지 않는 다리'도
흘러 떠가고 있다.

33

옛날
옛날
그 옛날부터
강이 하나 흐르고 있습니다.

그 강은 다른 사람들 눈에는
뜨이지 않고
오직 나의 눈에만 보입니다.

하지만 나에게도 그 강은
흐르다가는 스러지고
스러졌다가는 다시 흐르곤 합니다.

말하자면 그 강은 내 뜻대로
등장하는 것이 아니요,
퇴장도 제멋대로입니다.

그러면서도 그 강은 나에게
많은 이야기를 합니다.
주로 보이지 않는 세계를,
그리고 보이는 세계의 숨은 신비를
말해 줍니다.

그러나 그 이야기가
물상(物象)으로 된 비유이기 때문에
내가 보는 바가 그 말의 실재(實在)인지
그 아닌지를 가늠할 바가 없습니다.

오늘도 그 강에는
63층짜리 빌딩 하나가
돛단배처럼 떠 있는데
그것은 무엇을 뜻하는 것인지
곰곰 생각 중에 있습니다. 만……

봄의 황금빛 햇살을 받은 강이
신부같이 환한 얼굴을 하고
가슴에 비단결 무늬를 지으며
그 싱그런 알몸을 굽이굽이
펼치고 있다.

염미(艶美)로운 저 강을 바라보며
동토(凍土) 같던 나의 마음도
보리밭처럼 푸른 불꽃을 뿜는다.

35

봄의 어린 햇살이
은어의 퍼덕임처럼 튀는
새벽강에
흰 물새들이 아기 천사들처럼
날아다닌다.

선잠을 깨어
얼굴이 부스스한 산이
물가에 다가서면
잇달아 나온 미루나무 꼭대기에서
까치가 한 마리 해롱댄다.

매화가 함성을 지르듯 핀 마을
노르께한 볏지붕 굴뚝에선
아침의 향연(香煙)이 일제히 오르고

보리밭에선 햇닭똥 내음 같은
풋내가 풍겨 오는데

나는 이 유년의 강에다
연탄빛 마음을 헹구며
무지갯빛 꿈들을 건져 올린다.

내가 이 강에다
종이배처럼 띄워 보내는
이 그리움과 염원은
그 어디서고 만날 것이다.
그 어느 때고 이뤄질 것이다.

저 망망한 바다 한복판일는지
저 허허한 하늘 속일는지
다시 이 지구로 돌아와 설는지
그 신령한 조화(造化) 속이사 알 바 없으나

생명의 영원한 동산 속의
불변하는 한 모습이 되어

내가 이 강에다
종이배처럼 띄워 보내는
이 그리움과 염원은
그 어디서고 만날 것이다.
그 어느 때고 이루어질 것이다.

윤중제(輪中提)*를 산책하는데
둑 기슭 풀밭에
젊은 아베크족 여럿이 눈에 띈다.

어떤 쌍은 고개를 푹 수그리고 있고
어떤 쌍은 연신 시시덕거리고 있고
어떤 쌍은 강의 먼 흐름을
바라보고 있다.

* 윤중제 : 서울 여의도 한강 둑.

팔당과 양평 사이
후미진 강기슭 빈 조각뱃전에
한 켠엔 내가 앉고
한 켠엔 노처(老妻)가 앉아
바람도 없이 출렁이는 강물을 바라보며
저마다의 생각에 잠겨 있다.

지금 내 머리에 떠오르는 것은
바로 그제 백만의 신도가 모인 여의도
그 찬란한 가설제단에 앉으셨던
교황 요한 바오로 2세와
몇달 전 여성잡지에서 뵈온
가야산(伽倻山) 바위 위에 앉으신 성철(性徹) 종정과의
두 모습,

한 분은 인파(人波)의 그 환성 속에 계시고
한 분은 자연의 그 적막 속에 계시나
두 모습 그대로가 진실임을 의심할 바 없거늘
과연 이 대조(對照)는 무엇을 뜻함인가?

한 분이 행하시는 인위(人爲)의 극진(極盡) 속에도
한 분이 행하시는 무위(無爲)의 극치(極致) 속에도

신비가 감돌기는 매한가지어늘
과연 이 부동(不同)은 무엇을 말함인가?

저 두 분의 모습이 다 함께
진리의 체현(體現)임에 다를 바 없으니
유무상통(有無相通)의 소식이란 바로
이런 것이었구나!
정동일여(靜動一如)의 소식이란 바로
이런 것이었구나!

저녁노을과 함께 숨을 죽이듯
잔잔해진 강물을 바라보며
노부처(老夫妻)는 하염없는 생각에 잠겨
일어설 줄을 모른다.

39

강,
너에게 내가 새로 눈떴을 때
나에게는 세상 모두가 새로워졌다.
너의 무아(無我)의 헌신으로 생성(生成)하는
저 뭇 생명들의 신비한 모습을
그저 어린애의 신기함과 놀람과
찬미만으로 바라본다.

그렇다고 내가 탈혼(脫魂)의 황홀 속에
들어있다고 오해하지 말라.
또한 내가 심미적(審美的) 희열에
들떠 있다고 착각하지 말라.

저기 둑 기슭의 나무는
그저 어제 그 나무고
행길의 오가는 사람들은
여전히 그 사람들이고
강, 너와 나도 저제나 이제나
눈곱만큼도 다를 바 없다.

오직 이제 나의 숨결 속에는
네가 함께 흐르고 있고

나의 눈은 너의 형용 없는 동작을 보고
나의 귀는 너의 침묵의 대화를 듣는다.

너를 알게 되어
나는 나를 알았고
세례(洗禮)가 왜 거듭나는 증표(證表)인지를
늦게나마 깨닫는다.

마식령(馬息嶺)*에서 비롯한 적전강(赤田江)이 동해 원산만에 흘러드는 갯목, 거기는 그 물밑이 고르지 못하고 물살도 세게 휘돌아서 한 해에도 몇 사람의 목숨을 앗아가는 마(魔)의 장소다. 그러나 거기는 해수욕으로 소금물에 절고 모래에 뒹굴던 알몸들의 샤워장이기도 하였다.

그 어느 날 갯목에서는 굿이 벌어졌다. 무당은 닭 한 마리를 물에 빠져 죽은 사람의 혼백으로 삼고 물 속을 들락날락하면서 미친 듯이 푸념도 하고 빠지는 시늉도 영절스럽게 하더니 굿이 끝난 후 닭은 그대로 물가에 버리고 갔다.

우리 소신학생(小神學生)* 일행 중 가장 착하기도 하고 장난꾼이기도 한 시몬이 구경꾼들이 헤어진 것을 확인하고는 바로 그 닭을 주워와 해변가 인가(人家)에서 냄비를 빌려다 삶아 놓고는 "이것은 마귀의 고기인데 성인(聖人)이 될 사람이라야 먹지, 그렇지 못한 사람은 먹어선 안 되니 알아서 하라"는 것이었다. 일행은 그 말에 조금쯤 섬뜩은 했으나 출출한 속에서 치미는 왕성한 식욕에 모두 다 이 성인 잔치에 참례하여 마귀의 다리나 살코기를 게눈 감추듯 잡수어댔다.

저런 즐거운 나날이 흘러서 개학을 2, 3일 앞둔 어느 날 그 날도 바다에서 진종일 보내고 이제는 돌아설 참이라 민물에 몸을 씻으러 갯목엘 갔는데 한걸음 앞장서 들어간 시몬이 갑자기 "나 빠진다! 나 빠진다!" 싱글벙글하길래—이것은 정확한 기억이다—나는 그를 쳐다보면서도 또 장난이겠지! 하고 몸을 닦고 있었더니, 그는 헤엄치듯 두어 번 머리를 물 속에 곤두박았다 냈다 하고는 그만 사라지고 마는 게 아닌가?

그제사 내가 고함을 쳤으나 바로 옆 뱃전에서 일하던 어부들도 너무나 순식간의 일이라 처음에는 멍하니들 있다가 한참만에야 구조에들 나섰으나 허탕이었고 시체는 다섯 시간 후인 자정께야 그물에 건져졌다.

나는 이것이 사람의 죽음을 직접 접한 처음 것이어서 공포도 공포려니와 친구를 멀거니 보면서 죽였다는 죄책감에 얼마동안은 동네에 얼굴을 들고 다니지 못했다. 그러면서도 무당의 닭고기 비밀만은 스스로의 불안감도 있고 해서 끝내 발설치 않고 말았다.

● 마식령 : 함경도와 평안도의 경계를 이루는 산맥.
● 소신학생 : 신학교의 중·고등 과정 중에 있는 학생.

41

나는 이제 한 방울의 물이 되어
강에 합류한다.

나는 이제 목숨의 끈으로 삼던
꿈에서 벗어나고
나는 이제 삶의 연모로 삼던
현실에서 벗어나서

이제 나는 시간에서 풀려나고
이제 나는 나에게서 풀려난다.

나는 이제 나의 모습을 잃어서
나라고 불리울 내가 없고
시작도 끝도 안 보이는 이 강이
바로 나다.

이제 나는 불변하는 질서 속에서
자유롭게 흐르며
뭇 생명들의 생성(生成)과 소멸(消滅)을 함께 한다.

42

공초(空超)* 선생이 이승을 떠나실 무렵 나는 한번 선생께 '하느님에게 귀의'를 권해 보고 싶었지만 주제넘어서 차마 입을 못 떼고 있던 중 어느 날 밤,

"황톳빛 봇물이 터져 흐르는 개울 한복판에 알몸의 공초께서 허위적대시길래 둑에 앉았던 내가 손을 내밀자 그것을 붙잡고 간신히 헤어나셨는데 내 무릎을 베고 누우셔 숨을 헐떡이시는 선생에게 내가,

―이제 그만, 무(無)의 수렁에서 허덕이지 마시고, 유(有)에 기대보시지요.

하였더니 선생은 눈을 흘깃 뜨시면서,

―나는 유무(有無)의 분간부터 질색이란 말일세.

하시는 것이었다."

나는 그 꿈으로 다시는 객쩍은 충고를 단념하고 말았는데 선생께서는 임종 직전 저 몽사(夢事)와는 맥락이 닿지 않지만 나에게 마치 감춰뒀던 비밀이나 털어놓으시듯,

"자유가 나의 평생을 구속했었구나"라는 엄청난 말씀을 남기셨다.

선생이 가신 지 20년, 올 여름 어느 밤 또다시,

"저 팔당댐 상류같이 물이 철철 넘치는 강 위를 신선 모습을 하신 선생께서 마치 나자렛 예수처럼 걸어오시더니,

―상(常)이! 유(有)는 유에서 나오고 유에서 나온 것은 불멸하느니라."

라고 타이르시고는 홀연히 사라지셨다.

치몽(稚夢)이랄까? 선몽(禪夢)이랄까? 어쨌거나 나는 꿈속에서 나마 선생과의 선문답(禪問答)이 지속됨을 흐뭇해한다.

● 공초 : 시인 오상순 선생 아호.

43

가을 강에는
잊혀지지 않는 눈, 눈동자들이
살고 있다.

이북 고향을 탈출하던 그날
행길까지 따라나오셔
나를 바래주시던 어머니의
그 애절한 눈,

이승을 떠나시기 하루 전
악지가 세던 이 막내에게
'조금 줄여서 사는 것이 곧
조금 초월해 사는 것이니라' 는
채근담의 한 구절을 짚어 보이시던
아버지의 그 자애에 찬 눈,

공산당 감옥에서 순교하였을
나의 오직 하나인 신부(神父)형의
그 어질디 어진 껌벅 눈,

나의 가슴의 첫 그리움이던
도쿄 하숙집 거리 카페 에트랑제의

백계(白系) 러시안의 피가 섞인 유미짱의
흰자위가 많은 보랏빛 눈,

혼례를 치른 지 사흘만에
색(色) 골무타래를 어린 나에게 쥐어주고
북간도로 목쉰 기적(汽笛)과 함께 떠나간
외사촌 누나의 붉어진 실눈,

그리고 교리반(敎理班) 서양 수녀(修女)의 눈,
나를 족치던 일본 헌병의 눈,
이중섭의 눈,
공초 선생의 눈,

잊혀지지 않는 눈, 눈동자들이
헤아릴 수 없게 많이 살고 있다.

44

그렇다! 강, 너와 나는
한 원천(源泉)에서 태어났고
어쩌면 너는 나보다 아득히 먼저였고
어쩌면 너는 나보다 그 근원에 가깝다.

강, 너와 나는 그 근원 속에
현재도 함께 살고 있으며
영원히 함께 살아갈 것이고,

나는 너로 말미암아 나요
너는 나로 말미암아 너로서
그 근원이 지닌 진선미(眞善美)를
서로 성취해가며 구현(具現)한다.

45

뭇 생명은 물로써 태어나서
물로써 길리우고
물과 함께 변화하며
물과 함께 불멸한다.

우리의 사랑과
눈물의 궤적(軌跡)도.

강에는
하늘 땅을 오르내리며
뭇 생명들을 낳고 기르던
물의 정령(精靈)들이
그 역사(役事) 속에서 겪은
억만(億萬)의 억만 사연을
서로 속삭이고 있다.

도쿄 아세아시인회의 첫날을 마친 후 나는 동년배의 일본 시인 몇 명과 회의장 근처 목로주점에서 어울리게 되었다.

좌흥(座興)이 무르익어가자 옆자리의 술이 거나해진 초로(初老)의 시인 한 분이,

—한강이 그립습니다. 그 푸르게 넘쳐흐르던 한강이 미치게 그립습니다. 나의 소년시절의 요람인 한강. 그 양양(洋洋)한(그는 이렇게 표현했다) 흐름이 그립습니다.

음성을 떨면서 말했다. 나는 무망중,

—서울엘 한번 오시죠, 와서 보시죠, 그 한강을!

대답을 하면서도 그가 그리는 그 '양양한 흐름'을 어찌 보여주나 하는 걱정이 앞섰다.

—아니요, 제가 그 한강을 다시 보러 간다는 것은 한국인 여러분께 죄스러운 일이지요, 몰염치한 짓이지요, 제가 태어나서 자란 서울을 고향이라고 불러선 안 되듯이 말입니다.

그는 사뭇 괴로운 표정을 지었다. 나는 이 '시인의 예민한 양심'에 대꾸할 바를 모르고 있는데 이때 이 좌석을 마련한 건너편의 교포시인이 말을 받았다.

—자네, 또 한강타령이군, 시나 강이 언제 국적을 묻는다던가? 인종을 따진다던가? 사랑하는 사람만이 그것의 임자지, 눈물이 있는 사람을 위하여 시는 씌어지고 강은 흐르는 게야, 어서 가서 그 품에 안기게나. 사장(沙場)에 누워서 눈물어린 눈으로 한강의 그 진홍색 저녁노을을 바라보게나!

─고마워, 그러나 내가 가선 안돼! 이 '왜놈'이 또다시 그 강을 더럽혀선 안돼! 그것만은 안돼!

이때 그는 마치 한강의 그 흐름을 바라보듯, 그 저녁노을을 바라보듯 먼 곳을 응시하며 말했다.

집이 여의도인 나는 오늘도 윤중제를 거닐면서 여기저기 둑을 쌓아 물을 댄 논처럼 갈려 있고 여위고 상하여 군데군데 창자를 드러낸 한강을 바라보며 그 일본 시인이 '양양한 흐름'의 추억을 보전하기 위하여 영영 서울에 오지 말았으면 하는 생각과 새봄엔 나라도 초청해서 그에게 고향을 다시 찾게 해 주어야겠다는 엇갈리는 심정 속에 있다.

48

한 방울의 물로
강이 되어 흐르는
나는, 이제 내가 없다.

그렇듯 나를 꿈꾸게 하고
그렇듯 나를 절망하게 하고
그렇듯 나를 달뜨게 하고
그렇듯 나를 외롭게 하고
그렇듯 나를 불안하게 하고
그렇듯 나를 미치게 하던

내가 스러지고 없고
오직 흐름일 뿐이다.

그러나 비로소 나는
천연(天然)의 질서와 자유와
그 평화를 누린다.

49

섣달 매운 날씨 이른 아침
마치 매일 예배(禮拜)를 보듯
나는 오늘도 강에 나와 있다.

강은 숨을 죽이듯 물살 하나 없고
건너 사장(沙場)도 추위에 질린 얼굴을 하고
배들은 모두 기슭에 움츠리고 있는데
흰 물새 몇 마리 강물을 차며
얼어붙은 하늘을 날고 있다.

한데 계절의 무덤 같은 이 삭막 속에서
신이(神異) 같은 축주(祝奏)는 그 어인 일인가?

시신(屍身) 같은 저 강에서, 아니 내 가슴에서
대금(大笒)의 산조가 울려오며
이 산 저 산봉우리 옹달샘에서
한 방울의 이슬이 땅껍질을 뚫는 소리
바위 숲을 헤쳐 나오는 계곡의 물소리,
천길 벼랑을 내려 구르는 폭포소리,
이 들판 저 들판에서 흘러온 여울들이
대하(大河)를 이루어 출렁이는 강물소리,
하늘의 천둥소리, 빗소리, 눈보라소리,

헤아릴 수 없는 낱낱의 물방울들이
낳고 죽고 맺고 엉키고 합치는 소리,
영절한 그 소리, 소리들을 내더니

이제 그 가락은 내 앞을 흐르는 강처럼
저 멀리 아득히 자취를 감추면서
영산회상(靈山會相)으로 변하여 울려오고
나의 과거와 오늘과 미래도
그 신운(神韻)에 녹아 흐른다.

50

강에
물이
하염없이
흐른다.

저렇듯 무심한 물이
어느덧 하늘로 올라가
안개가 되고 구름이 되고
이슬이 되고 비가 되어서
또다시 땅으로 내려온다.

그리고 이번엔 뭇 생명에게 스며서
풀이 되고 나무가 되고
꽃이 되고 열매가 되고
새가 되고 물고기가 되고
짐승이 되고 사람이 된다.

하지만 그 생물이
목숨을 다하면
그 물은 소롯이 빠져나와
다시 강이 되어
여기 이렇듯

하염없이 흐른다.

51

높고 낮은 산굽이를
멀리서 가까이서 감돌며
강이 흐르고 있다.

그 옛날 허유(許由)가 귀를 씻고
소부(巢父)가 소를 몰고 돌아 선*
그런 맑은 강이 흐르고 있다.

갈대가 무성한 이편 둑에는
가슴까지 내려진 흰 수염에다
배꼽을 내놓은 늙은이 하나가
한 어깨에는 낚싯대를 걸머메고
한 손에는 고기바구니를 들고서
세상 부러울 게 없다는 표정을 하고
강의 먼 흐름을 바라보고 있다.

불환삼공(不換三公)!

'이 자연 속의 유유자적과
장관(長官)의 자리를 바꿀쏘냐' 라는
화제(畵題)의 족자*가 걸린 서재에서
이 또한 흰 턱수염의 시인 하나가

선거로 뒤끓는 세상 북새엔 아랑곳없이
시 〈그리스도 폴의 강〉을 쓰고 있다.

52

가령 이 지구에
물과 강이 없다면

마치 저 가없는 하늘에
죽은 곰의 형상을 한 바위로
떠있는 달처럼

이 지구는 또 하나
생물 하나 가꾸지 못하는
천형(天刑)의 바위더미와 흙무덤의
별.

53

서울대교와 원효대교 사이
모래를 파서 군데군데
산더미처럼 쌓아 놓고
둑을 만들어 막아 놓고
갈라놓고, 가둬 놓은
한강,

강도 아니요
호수도 아니요
연못도 아니요
논도 아닌 한강,

그 둑 빗물 웅덩이에서
목을 축이고 난 비둘기 한 마리
물끄러미 그 강을 바라보다가
곁에 다가선 나를 쳐다보고는

'사람들의 하는 짓은 알 수 없다' 는 듯

고개를 갸우뚱거리기에
나도 고개를 끄덕이면서
함께 그 한강을 바라본다.

54

강이 흐른다.
땅 위에서 땅 밑에서
하늘 위에서 흐른다.

나는 이제 강 이외에
아무것도 보이지 않고
나는 이제 모든 것이
강으로 보인다.

나의 시계(視界) 속의 강은
비롯함이 없는 곳에서 흘러오고
마침이 없는 곳으로 흘러가서
이 지구가 소멸된 뒤에도
아니 저 우주가 해체되어도
흐르고 또 흐를 것이다.

나는 이 강의 한 방울 물이지만
내가 없이는 이 강은 이룰 수 없어
정녕 스러질 수도 없고
정녕 비길 수도 없는
영원한 그 한 모습으로

바로 이렇게
흐르고 있다.

55

어느 아침 신문에 느닷없이
백두산 천지의 천연색 사진과
그 등반기사를 보고 읽으며
나는 놀란 짐승처럼 소리를 질렀다.

어어
아아
오오

―그리고 중얼거렸다.

바로
거기
분명
있군
!

깎아지른 용암(熔岩) 30리 둘레에
3백 미터나 되는 진갈맷빛 수심(水深)
태고의 신비를 간직한 그 채로

시조(始祖)들의 꿈과 얼이 담긴 그 채로
바로 거기 분명 있구나!

저렇듯 아스라이 높고 넓고 깊은
마음의 수원(水源)을 지닌 이 겨레와 나라가
결코 시들지도 메마르지도 않을 것이다.
마침내 온누리에 찬연히 빛날 것이다.

56

봄이 무르익은 한낮
강물이 불길을 뿜고 있다.

무심하고 냉랭한 강이
저렇듯 그 가슴속에
푸르도록 맑은 불꽃을
품고 있었단 말인가?

만물의 근원이 불이(不二)임을
나 모르는 바 아니지만
내 눈에 물 속의 불이 보이기는
처음 되는 일이어서
두 눈을 부비고 또 부비며
푸른 불길의 강을
넋 잃고 바라본다.

57

한밤중 꿈에
강이 보인다.

깊고 짙은 어둠 속에서
번득이기 시작한 강은
그 몸집을 이리저리 뒤척이더니
소리를 지르고 신음을 하고
울부짖고 태질을 친다.

음, 강도 나처럼 안으로
어쩌지 못할 갈등을
지니고 있었구나!

이제 강은 하늘을 향해
도전하듯이 벌떡 일어선다
철썩 자빠진다.

그 소리에 내가 깨어 눈을 뜨니
어느새 강은 말짱히 역정(逆情)을 가시고
이 밤의 고요도 미치지 못할
고요한 흐름이 되어 있다.

58

봄 밤의 여의도
한강

둑을 만들어 막아 놓고
가둬 놓고 갈라놓은
한강

그 갈라놓은 강물 위에
보름달이 하나씩 떠 있다.

월인천강(月印天江)이라더니
바로 저런 것이구나.

이 시각 저 달은
낙동강
섬진강
예성강
금강
소양강
임진강

아니, 저 북녘땅

압록강
두만강
대동강
장진강
성천강에도
두둥실 떠 있겠지!

그리고 그 달을 보는 이마다
제나름의 감회(感懷)에 젖어 있겠지?

이 밤 나는 인적이 끊긴
윤중제 둑에 홀로 앉아
술잔의 달을 거듭 비운다.

59

웨스페라의 성합(聖盒)*처럼 휘황스레
태양이 솟은 아침 강 한복판으로부터
홀연 물 위를 더벅더벅 걸어오시는
나의 사부(師父), 그리스도 폴 성인(聖人),

놀람과 반가움에 어쩔 줄 모르는 내 앞에
그 분은 신장(神將) 같은 모습으로 다가와서
마치 찰처(拶處)*나 하듯 다짜고짜 물었다.

“요한 형제! 그대는 강을
일터로 삼은 지 이미 여러 해
이 강에서 무엇을 보았는가?”

“신비를 보았습니다.”
무망중, 나의 대답이었다.

“요한 형제! 그대는 강을
일터로 삼은 지 이미 여러 해
이 강에서 무엇을 배웠는가?”

“신비를 배웠습니다.”
내친 김의 눈먼 대답이었다.

"요한 형제! 그대는 강을
일터로 삼은 지 이미 여러 해
이 강에서 무엇을 깨우쳤는가?"

"신비를 깨우쳤습니다."
그 거듭되는 질문이 나의 대답의
인가(印可)*쯤 여겨서 으쓱대며 응답했다.

그러나 다음 순간, 나의 사부는
마치 손에 쥔 여의봉(如意捧)을 휘두르듯
노기를 띠고 일갈(一喝)하기를

"이 도둑놈, 사기꾼아! 그것은
아무것도 못 보고 못 배우고
못 깨우쳤다는 말 아닌가?"

나는 황겁결에 고개를 떨구고
"네"랄 수밖에 없었다.

"네?! 그 소리만이 구원(救援)이로구나,
다시 시작해라, 강과 더불어 쉼 없이!"

"네."

내가 얼마만엔가 고개를 쳐드니
그리스도 폴 성인(聖人)은 사라지고

강만이 쉼없이 흐르고 있었다.

60

한 방울의 물이 모여서
강이 되니
강은 또한 크낙한
한 방울의 물이다.

그래서 한 방울의 물이 흐려지면
그만큼 강은 흐려지고
한 방울의 물이 맑아지면
그만큼 강이 맑아진다.

우리의 인간세상
한 사람의 죄도
한 사람의 사랑도
저와 같다.

61

내가 스물여덟 해나 살아
내 생애에 가장 오래고
또 마지막이 될 여의도살이

그 아파트 창가에서
노상 멀거니 쳐다보는
저 하늘

내가 날마다 예배 보듯 나아가
물끄러미 바라보는
저 한강

그리고 내가 어슬렁어슬렁 거니는
들풀들이 소복한
윤중제 둑길

저 정경(情景)들은
이제 내가 이승을 떠난 뒤에도
무심한 그 채로겠지?

나의 염원과 번뇌의
말벗이며 위로인 저것들도

그 나름의 넋을 지녔으니
조금은 서운해하겠지!

털벌레가 나비가 되듯
영원의 동산에 든 나도
그 어느 때 이곳을 내려다보고는
그리움의 눈물을 조금은 흘릴 거야.

62

한낮의 봄볕을 받으며
눈부신 얼굴을 한
한강이 흐르고 있다.

지난날 마르고 여위어서
창자까지를 드러내던 그 강이
이제 넘실거리며 흐르고 있다.

내 눈앞을 지나며
흐르는 물살들은
바쁘고 잰 걸음이지만
저 멀리 흘러간 강물은
노곤한 졸음에 잠겨 있고

강심을 오르내리는 유람선은
더없이 한가로운 풍경이지만
이 강 도처에 가로 걸린 다리 위
쏜살같이 밀려오고 밀려가는
차량들의 굉음이 고요를 깬다.

하지만 강은 아랑곳없이
그 깊고 넓은 침묵을 안고

태고의 모습으로 흐른다.

과거와 현재와 미래가
한데 이어져서 흐른다.

63

여의도살이 서른 한 해째
한강엘 매일이다시피
예배나 보듯 나아갔었는데

팔순을 넘기고서부터는
신병에다 보행이 어려워져
아파트 뒤뜰 어린이 놀이터를
하루 한 바퀴 도는 게 고작이다.

그래서 오늘은 궁리궁리 끝에
내 집 2층서 엘리베이터를 타고
맨 위 12층에 올라가 복도 난간에서
그렇듯 그리던 한강을 바라본다.

그런데 멀리서 우러르는 한강에는
마침 유람선 한 척이 떠 있었는데
강이라기보다 마치 상여의 행렬 같다.

하기사 저 강에는 이 산 저 산
무덤에다 육신의 허울을 벗어놓은
죽은 이들의 수분(水分)이 흐르고 있겠지!

요령소리도 상두소리도 들리지 않고
저녁 노을을 받은 아득한 상렬(喪列)은
색다른 만장(輓章)이 아른거리고 있다.

요령소리도 상두소리도 들리지 않고
저녁 노을을 받은 아득한 상렬(喪列)은

색다른 만장(輓章)이 아른거리고 있다.

64

7개월인가 8개월만에 겨우
오늘은 늙고 병든 몸을 이끌고
윤중제엘 나가서
늦가을 저녁나절을 거닐며
노을이 비낀 한강을 바라본다.

강물은 아물아물 반짝이며
멈칫멈칫 뒤로 물러서며
마치 되돌아가듯 흐른다.

이제 여기서 종착지인 서해(西海)도
머지 않았는데
저렇듯 머뭇거리는 걸 보면
강도 피안(彼岸)이 두려운 게지?

저 강물 물방울의 하나이듯
나 또한 영원의 바다에 흘러가
푸르름을 되찾기 머지 않았는데
이렇듯 저어하니 말이다.

65

강이 흐른다……

아슴푸레한 옛날이 상여(喪輿)에 담기고
축렬(祝列)에 아득한 미래가 배듯이
길고 먼 사연의 공백(空白)을 안고

강이 흐른다……

동녀(童女)의 옹달모양 그윽한 샘에
눈물 같은 이슬이 지각(地殼)을 뚫은
탄생의 신비스런 경이(驚異)를 품고

강이 흐른다……

아롱진 동경(憧憬)에 지절대면서
지식(知識)의 바위숲을 헤쳐 나오다
천길 벼랑을 내려 구울던
전락(轉落)의 상흔(傷痕)을 어루만지며

강이 흐른다……

트여진 대지 위에 백렬(白熱)하던 낭만(浪漫)과

늪 속에 잠겨 이루던 고독과 기도,
오오, 표박(漂泊)과 동결(凍結)의 신산(辛酸)한 기억들을
열망(熱望)과 수치(羞恥)로 물들이면서

강이 흐른다……

이제 무심한 일월(日月)의 조응(照應) 속에서
품에는 어별권속(魚鼈眷屬)들의 자맥질과
등에는 생노(生勞)와 환락(歡樂)의 목주(木舟)를 얹고
선악(善惡)과 애증(愛憎)이 교차하는 다리 밑으로
사랑의 밀어와 이별의 노래를 들으며
생사(生死)와 신음(呻吟)과 원귀(寃鬼)의 곡성(哭聲)마저 들으며
일체(一切) 삶의 율조(律調)와 합주(合奏)하면서

강이 흐른다……

샘에서 여울에서 폭포에서 시내에서
억만(億萬)의 현존(現存)이 서로 맺고 엉키고 합해져서
낳고 죽어가며 푸른 바다로 흘러들어
새로운 생성(生成)의 바탕이 되어
곡절(曲折)로 가득 찬 역사의 대단원을 지으려고

강이 흐른다……

과거와 미래의 그림자도 없이
무상(無常) 속에 단일(單一)한 자아(自我)를 안고

철석(鐵石)보다도 굳은 사랑을 안고
영원 속의 순간을 호흡(呼吸)하면서

강이 흐른다……

또 어느 날 있을 증화(蒸化)야 아랑곳없이
무아(無我)의 갈원(渴願)에 체읍(涕泣)하면서
염화(拈華)의 미소를 지으면서

강이 흐른다……

강! 너 허무(虛無)의 실유(實有)여.

제 5 부

○

유치찬란

새 해

새해 새 아침이 따로 있다더냐?

신비의 샘인 나날을
네 스스로가 더럽혀서
연탄빛 폐수를 만들 뿐이지

어디 헌 날, 낡은 시간이 있다더냐?

네가 새로워지지 않으면
새 아침을 새 아침으로 맞을 수가 없고
결코 새 날을 새 날로 맞을 수가 없고

너의 마음 안의 천진(天眞)을 꽃 피워야
비로소 새해를 새해로 살 수 있다.

날 개

내가 걸음마를 떼면서
최초에 느낀 것은
내 팔다리가 내 마음대로
움직여 주지 않는다는 사실이었다.

내가 이제 칠순을 바라보며
새삼스레 느끼는 것도
내 팔다리가 내 마음대로
움직여 주지 않는다는 사실이다.

엄마의 손길을 향하여
기우뚱대며 발걸음을 옮기던 때나
눈에 보이지 않는 손길에 매달려
어찌 어찌 살아가는 이제나

내가 바라고 그리는 것은
제트기도 아니요,
우주선도 아니요,

마치 털벌레가 나비가 되듯
바로 내가 날개를 달고

온 누리의 성좌(星座)를 꽃동산 삼아
천사랑 어울려 훨훨 날아다니는
그 황홀이다.

거듭남

저 성현들이 쳐드신 바
어린이 마음을
지각(知覺) 이전의 상태로
너희는 오해하지들 말라!

그런 미숙(未熟)의 유치란
본능적 충동에 사로잡히거나
독선과 편협을 일삼게 되느니,

우리가 도달해야 할
어린이 마음이란

진리를 깨우침으로써
자기가 자신에게 이김으로써
이른바 '거듭남' 에서 오는
순진이요, 단순이요,
소박인 것이다.

4월

어린싹과 어린순,
어린잎과 어린꽃들이
산과 들, 뜨락과 행길에서
일제히 푸른 불길을 뿜고 있다.

온 천지가 눈부시게 환하다.
따스하고 훈훈하다.

누가 이 달을 잔인하다고 탓하지?
너의 마음의 황폐를 계절에다 돌리지 말라!
눈감고 어둡다고 하지들 말라.

4월은 자혜의 어머니,
풋것과 어린것들의 세상.

어른 세상

네 꼬라지에 어줍잖게
그리 생각에 잠겨 있느냐고
비웃지 말라.

내가 기가 차고 어안이 벙벙해서
말문마저 막히는 것은

글쎄, 저 글쎄 말이다.
이른바 어른들이 벌이고 있는
이 세상살이라는 게, 그 모조리
거짓에 차 있다는 사실이다.

저들은 정의를 외치며 불의를 행하고
저들은 사랑을 입 담으며 서로 미워하고
저들은 평화를 내걸고 싸우며 죽인다.

내가 주제넘어 몹시 저어되지만
어느 분의 말씀을 빌려 한마디 하자면

저들이 어린이 마음을 되찾지 않고선
하늘나라에 들어갈 수가 없듯이

저들이 어린이 마음을 되찾지 않고선
이 거짓 세상의 그 덫과 수렁 속에서
벗어날 수가 없다.

부끄러움

부끄러움이란 것을
기억이라도 하는가?

그대들이 철들 무렵
어머니가 에비라고 하신
꽃병 같은 것을 깨고 나서
처음 느낀 바로 그것,

에덴동산의 아담과 이브가
하느님이 금하신 열매를 따먹고
무화과 잎새로 알몸을 가린
바로 그런 것 말이다.

인간이 어떤 잘못을 저질렀을 때
맨 먼저 느끼는 것은 부끄러움!
그것은 인간 양심의 증표요,
그것은 인간 구원의 싹수다.

그런데 오늘날 어른 그대들은
잘못을 저지르고도 부끄러움을 모른다.

그것은 그대들의 양심이 마비된 증표요,
그것은 그대들이 멸망으로 가는 싹수다.

세발 자전거

내 서재 문 앞에는 노상 이웃집 꼬마의 세발 자전거가 놓여 있다. 나를 자주 찾는 친구들이 "이제는 자네도 두발 자전거를 탈 때가 됐는데" 하고들 놀린다.

그런데 실상 나는 세발이고 두발이고 자전거를 타 본 적이 없다. 우리 또래가 어렸을 적엔 세발 자전거는 나오지 않았었고 두발 자전거는 나의 형이 대신학생(大神學生)* 시절 타다가 애 밴 여인네를 치어서 아버지가 우리 형제에게 금령(禁令)을 내리셨기 때문이다.

저 일을 생각하다가 문득 깨닫는 것인데 내가 어려서부터 지금까지 아버지의 말씀이나 가르침을 그대로 행하고 지키는 것이라곤 고작 그것 한 가지뿐이라는 사실이다. 더구나 하느님의 십계명은 하나도 오롯이 행하고 지켜낸 것이 없고

이제 머지않아 그분들을 만날 텐데 무슨 낯으로 뵈온담?!

---

* 대신학생 : 가톨릭 신학교의 철학, 신학 등 대학 과정을 밟고 있는 학생.

목 욕

막내인 고명딸애가 갓 서른에 계집애를 낳아 가지고 친정엘 와
서 조리를 한다. 친손이 없는 집안에서는 아직 3·7일도 안된 그
애를 놓고

눈은 친할머니를 닮고
코는 외할미를 닮고
귀는 제 아범을 닮고
손발은 제 어미를 닮고
목욕을 시키면 울다가도
의젓해지는 것을 보니
그것은 이 외할애비의
취미를 닮았단다.

가족들 말대로 나는 목간을 하루도 거르지 않다시피 좋아한다.
목욕탕이 집에 없던 어려서부터 잠자리에 들기 전에는 얼굴과 손
발을 꼭 씻는 버릇이 들어 있다.

그런데 이 할애비에게는 이제 한평생을 돌이켜 보면서 마음의
목욕을 게을리한 뉘우침이 있다. 고해성사라는 아주 안성맞춤의
세심처(洗心處)를 갖추고 있으면서도 자주 씻지를 않아 때가 끼고
살이 트고 딱지가 앉고 거칠어져서 이제 와서는 아무리 문지르고
닦아도 깨끗해지고 부드러워지지를 않는다. 그래서 저 손녀딸애
는 제발 몸 마음 더불어 목욕을 즐기는 버릇이 들어 줬으면 하는

게 이 할애비의 한갓 소망이요, 축원이다.

주님 오늘도

1

주님!
제 영혼은 오늘 한낮도
공중에 띄운 연처럼
당신 나라를 찾아 헤매다
회오리바람에 줄이 끊어져
어디론지 사라져 버렸답니다.

2

주님!
제 영혼은 이 밤도
마치 달을 쳐다보고
짖어대는 강아지처럼
대답도 없는 당신을 향해
컹컹대고 끙끙댑니다.

실체와 실상

세상 살아오는 동안
나의 생각, 남의 생각의
실용(實用)과 유형(類型)의 덮개가 앉아서
사물의 실체(實體)와 실상(實相)은 안 보이고
화석(化石)이 된 개념만이 널려져 있다.

요즘사 겨우 그런 생각의 덮개를 벗어나
백날이 갓 넘은 손주딸을 따라
다시 사물을 하나하나 새로 살피는데

아직 산은 산, 물은 물*
그렇게 밝게는 못 보지만
모든 사물의 신기하고 오묘함에
노상 취해 시간 가는 줄 모른다.

---

* 산은 산 물은 물 : 조계종 종정 성철(性徹) 큰스님의 법어.

생활 주변

1

내 서재에 딸애가 사다 놓은
새끼 거북 한 쌍 중 암컷이
풀기가 없이 떠 있길래
여기저기 수소문하여
물약 한 병을 사다가 어항에 부었더니
오늘 아침엔 제법 생기가 돌아
수초(水草) 밑에도 헤여다니고
검정 곰보 돌 위에 올라가 앉기도 하고.

2

아파트 위층 여섯 살짜리 계집애가
초콜릿 한 개를 들고 와서
"이거 할아버지 잡수세요"란다.
뒀다가 나중에 먹겠대도
"어서 잡수세요"란다.
나는 당뇨병을 앓고 있지만
어찌하랴! 한 입 베어먹고서
—아아 맛있다, 고 할 수밖에.

3

이웃 동(棟)의 영감님 한 분은
큰 자루를 어깨에 메고
날마다 아파트단지를 돌며
쓰레기를 줍는다.

내가 만날 때마다
인사와 치하 겸
"노상 수고를 하시는군요" 하면
그는 "이것이 저의 낙(樂)인 걸요" 한다.

이 색다른 포대화상(布袋和尙)*과 헤어지면서
나는 마음속으로 합장을 한다.

---

* 포대화상 : 중국 당나라 때의 선승(禪僧). 언제나 자루를 메고 다녔음.

혼자 논다

이웃집 소녀가
아직 국민학교도 안 들어갔을 무렵
하루는 나를 보며
—할아버지는 유명하다면서?
그러길래
—유명이 무엇인데?
하였더니
—몰라!
란다. 그래 나는
—그거 안 좋은 거야!
하고 말해주었다.

올해 그 애는 여중 2학년이 되어서
교과서에 실린 내 시를 배우게 됐는데
자기가 그 작자를 잘 안다고 그랬단다.
—그래서 뭐라고 그랬니?
하고 물었더니
—그저 보통 할아버진데, 어찌보면
  그 모습이 혼자 노는 소년 같아!
라고 했단다.

나는 그 대답이 너무 흐뭇해서
—잘 했어! 고마워!
라고 칭찬을 해 주고는
그날 종일이 유쾌했다.

꿈

나는 간밤에 몽설(夢泄)을 했다.

상대는 배꽃같이 해사한 젊은 여인인데 각시적 아내가 아니매 말하자면 간음을 한 셈이다. 깨고 나니 열쩍기 짝이 없다.

요전 날 밤에는 내가 '중앙정보부장'이 되는 꿈을 꾼 적도 있다. 평소에 누가 날 보고 "현실에 나서 보라"면 "중앙정보부장이나 시킨다면 몰라도" 하고 농을 한 일은 있지만 이건 너무 얼토당토않다.

이제 70을 바라보는 나이, 스스로는 바닷가의 빈 조개껍데기처럼 비린내나는 육신과는 헤어지고 세상살이 그 파도에서도 밀려나 산다고 믿고 있는데 아무리 꿈이라도 이 어쩐 소년 같은 치기런가? 아니 내 잠재의식 깊숙이 저렇듯 칠죄(七罪)*의 뿌리가 자리하고 있단 말인가?

언제나 나는 생시나 꿈에서나 저런 망상에서 벗어난다지.

---

* 칠죄 : 가톨릭에서는 인간 죄악의 근원이 되는 것을 교만, 인색, 음란, 분노, 탐욕, 질투, 나태 등 일곱 가지로 나눔.

늙은 애들

시(詩) 여담으로

지난번 시에서 내가 '중앙정보부장'이 되는 꿈을 꾸었댔더니 노동(老童)들의 모임에서 한 친구가 그것을 화제에 올려서 저마다 한마디씩 하는데

—자네, 공연히 때들어 가려고 함부로 그런 소리를 하나?
—임자, 벌써 노망인가? 헛소리를 하게.
—시인 정보부장, 그것 한번 멋진데!
—아무리 꿈이라도 망측한지고.
—그걸 시, 시로 쓰다니, 부끄러운 줄도 모르고.
—말세야! 시인이란 것들마저 저 꼬락서니니.
—그거 그저 세상이 못마땅하다는 소리 아닌가?

10인 10색의 논평들을 들으며 나는 마치 제 장난이 맞아 떨어져 재미있어 하는 소년모양 히죽히죽 웃고만 있었다.

아가는 지금

아가는 지금
무엇을 보고 있다.
무엇을 듣고 있다.
무엇을 생각하고 있다.

저 히라동굴에서 마호메트가
알라의 계시를 전해 받듯
그런 형상을 보고 있다.

저 요단강변에서 세례를 받는
나자렛 예수 머리 위에서 울리던
그런 소리를 듣고 있다.

저 가야산 숲속 보리수 아래
석가모니가 정각에 든 순간의
그런 생각에 취해 있다.

아니 아가는 그도 저도 아닌
무엇을 보고 듣고 생각하고 있다.

인류의 오직 하나만의 존재로서

자기만이 싹을 틔우고 꽃피워야 할
그 누구도 보도 듣도 생각도 못한
그 무엇을 보고 듣고 생각하고 있다.

그리고 혼자서 빙그레 웃고 있다.

꽃자리

반갑고 고맙고 기쁘다.

앉은 자리가 꽃자리니라!

네가 시방 가시방석처럼 여기는
너의 앉은 그 자리가
바로 꽃자리니라

반갑고 고맙고 기쁘다.

● 이 시는 시인 공초 오상순 선생이 사람을 만날 때마다 하던 축언(祝言)을 조금 풀이하
여 써 본 것이다.

마지막 말씀

그날 하루의 끼니를 때우는 것도
몸을 눕힐 자리도 마음에 두지 않고
무애행(無碍行)으로 한평생을 산 공초(空超)가
운명하던 날 시중을 들던 나에게

"자유가 나의 일생을 구속하였구나"
라는 말씀을 남겼다.

보다 나에게 영원한 생명을 일깨운
나자렛 예수는 십자가 위에 매달려서
바로 그분의 뜻을 이루고 가면서도

"나의 하느님, 나의 하느님!
어찌하여 나를 버리셨나이까?"
라고 부르짖는다.

저들의 저 비명과 비탄은
자신의 삶에 대한 회의에서일까?
자신의 삶에 대한 부정에서일까?
아니야, 결코 그게 아니야!

가령 저들의 저런 표백이 없다면
저들은 그저 자기 환상에 이끌려서
저들은 그저 자기 집착에 매달려서
그런 삶을 산 꼴이 되고 마느니
그래서 저들의 저 말씀은
자신이 목숨을 바쳐서 살아온
자기 삶의 마지막 재확인이요,
자기 삶의 마지막 완성인 것이다.

입버릇

동란 때 내가 가까이 모시던 노비행사(老飛行士)* 한 분은 세상 못마땅한 일을 보거나 들으면 언성을 높여 "저런 죽일 놈" 하고는 깜짝 놀라는 상대에게 이번엔 아주 상냥한 음성으로 "노래 한 마디 부르겠습니다"라고 하여서 크게 웃겨 고약한 우리 심정을 달래곤 하였다.

그런데 언제부터인가 그분의 입버릇이 부지중(不知中) 내게 옮아서 이즈막 나는
행길에서도 "저런 죽일 놈"
버스에서도 "저런 죽일 놈"
모임에서도 "저런 죽일 놈"
심지어는 성당에서도 "저런 죽일 놈"
매일 저녁의 신문을 읽다가는
"저런 죽일 놈" "저런 죽일 놈들"
남의 귀에 들릴 정도는 아니지만 때도 곳도 가리지 않고 연발한다.

말이 씨가 된달까, 저런 증세가 날로 심해지면서 이번엔 내 마음속에 소리 안 나는 총이 있으면 정말 없애고 싶은 사람이 하나 둘 불어나고 그 욕망이 구체화되어서 집단살인도 자행(恣行)할 기세라 이 밑도 끝도 없는 살의(殺意)에 스스로가 놀라게끔

되었다.

그러다가 바로 지금 막 머리에 떠올린 것인데 역시 그분이 "저런 죽일 놈" 하고선 "노래 한마디 부르겠습니다"고 엉뚱한 후렴(後斂)을 단 것은 해독제(解毒劑)였음을 비로소 깨닫는다.

이제부터 나도 "저런 죽일 놈" 소리가 나오면 애송시 한 편이라도 읊어서 비록 마음속에서일망정 살인은 안 해야겠다.

● 노비행사 : 공군대령 고 이계환(李繼煥) 선생.

그림과 추억

이즈막 나는 16세기 유럽의 한 화집을 보다가 한 사내가 한 팔은 큰 돌에 묶여 있고 한 팔은 날개가 돋아 있는 그림을 보고는 그것이 아주 낯익은지라 곰곰 생각 끝에 떠올린 게 여섯 살 때 일이었다.

시골의 울타리도 없는 이웃집 멍석 위에 알곡이 한마당 널려 있고 주인집 식구는 죄다 나가고 문은 열려 있는 안방 앞 토방 위에 닭이 한 마리, 묵직한 돌에 매인 줄에 한 다리가 묶여서 푸드덕거리고 있었다.

나는 한참 그것을 구경하다 둘레의 인기척을 살피고선 기를 써서 끈을 풀어주고는 냅다 뺑소니를 쳐 집으로 돌아와 한나절을 처박혀 있었다.

저녁참에 다시 나가 이번엔 집 마당가 먼발치서 바라보니 닭이 또다시 돌 달린 줄에 매여서 푸드덕거리고 있었다.

저 추억에 잠겼다가 어쩌면 나의 한평생이 저 그림, 저 닭 같다는 느낌이 들었다.

가슴의 불

역시 대여섯 살 때의 추억이다.

이웃집 사랑채에 서른이 됐을까 말까 한 청상과수가 혼자 세 들어 있었는데 그녀는 가톨릭의 독신녀(篤信女)로서 수도원(修道院) 세탁부 노릇을 하며 살고 있었다.

늦둥이로 노부모 슬하에 홀로 자라고 있던 나는 그녀를 몹시 따랐고 그녀도 나를 몹시 귀여워해서 그 집에는 무상출입이었을 뿐 아니라 가끔은 밤에도 그녀와 함께 지냈는데 집에서도 이를 책잡지 않았다.

그런 어느 가을, 오늘 저녁 같은 휘영청 달밤, 나는 다듬이질하는 그녀 곁에서 놀다가 잠이 들었었는데 한밤중 눈을 뜨니 그녀는 아직도 똑딱, 똑딱이라 잠에 취한 내가 반 응석으로
—아줌마는 안 자?
하고 돌아누웠더니 등 뒤에서
—응, 가슴의 불을 끄고서!
하는 소리가 들려왔다.

물론 나는 그때 그녀 가슴의 불이 무엇인지, 그것을 어찌 끈다는 것인지 그 뜻을 알 바 없었으나 그 말만은 내 머리 한구석에

박혀 있다가 이렇듯 잠 안 오는 달밤이면 또렷이 떠오른다.

손녀 면접일

나에게는 친·외손녀가
하나씩 있다.

향나(香那)와 향지(香枝)란 이름으로
내가 지어준 것이다.

두 돌과 첫 돌을 넘긴
아직도 애벌레들이다.

우리는 한 달에 한 번씩
날짜를 정해 놓고 만난다.

그 날이면 그 애들은 안팎이
놀라게 자라가지고 와서는
나에게 재롱을 보여주는 게 아니라
나를 저희 멋대로 놀아나게 해서
흰머리 흰 수염의 이 할애비를
한나절, 쩔쩔 찔찔 매게 한다.

그 만화 같은 장면이야
여러분 상상에 맡기거니와

어쨌건 나에게는 이 날이
죄 없고 가장 천진한 시간이다.

쓴웃음

문예진흥원 주부교실 강좌를 하러
덕수궁 뜨락엘 들어섰더니
등나무 선반 그늘 밑 벤치에
내 옥 친구가 글쎄 말이지
웬 젊은 계집애와 떡
나란히 앉아 있는 게 아닌가!

하도 꼴 같지가 않아서
아무개 "옹(翁)"하고 짓궂게 불렀더니
그 친구 다가와서 한다는 소리
"자네 부러워서 그러지?"란다.

"어서 잘 해보시지!
나도 꽃밭으로 가니까."
질세라 응수하고
돌아서서 생각하니
일흔도 넘긴 그가
지난해 상배(喪配)를 하고
홀로 아파트에 사는지라
'행여나' 하는 마음이 솟는다.

강의를 끝내고 도로 나오는데
그 친구 풀이 죽어
벤치에 혼자 앉아 있길래
—벌써 채였나?
비양거렸더니
—외손녀애가 연애를 하다
  가출을 해서 만나자기에
하고 씁쓰레 웃는다.
나도 고만 씁쓰레 웃고는 둘이서
무교동 단골술집으로 향했다.

정경(情景)

1

저 사람은 총총걸음으로
오고 있다.

저 사람은 느릿느릿
가고 있다.

저 사람은 히죽히죽
웃고 섰다.

저 사람은 웅크리고
앉아 있다.

저 사람들은 저마다 대통령이 된다고
야단법석들이고—

나는 멀뚱멀뚱
바라보고 있다.

2

63층 빌딩보다
낮게 드리운 밤하늘에
초겨울 스무날 달이
실로 호젓이 떠 있다.

아파트 11층 뒷난간에서
이를 바라보던 늙은 시인 하나가
'황성 옛터에……'를 주절거리면서
그 달을 혼자 두고
집 안으로 들어갔다.

수 염

그러니까 80년 이른 봄부터 나는 고질인 천식이 도져 석 달 동안이나 자리 보전을 하고 누웠었다. 그래서 수염이 턱밑 것까지 무성히 자라고 그야말로 세상 이제 별 볼일 없는 사람이었다.

때는 공교롭게도 제5공화국의 출범시기였는데 그 주역들이 나의 도야지 꼬리만 한 허명(虛名)을 탐내서 나를 정치현실*에 끌어들이려 들었다. 물론 나는 완강히 거절했는데 덧붙이기를 "보다시피 이런 폐물을 내세운들 무슨 일을 치르겠느냐"면서 오히려 달랬다.

나의 말이나 꼬라지가 그들에게도 일단 수긍이 갔던지 처음에는 기세등등하여 "선생님이 거절하셔도 우리는 우리의 결정을 그대로 발표합니다"던 그들도 그렁성 딴 사람을 물색해서 나는 시인으로 탈 없이 이 땅의 세파(世波)를 또 한고비 무사히 넘겼다.

그러나 또 어떤 강요나 유혹이 있을지도 모른다는 의구심에서 나는 이조시대(李朝時代)의 늙은이 같은 흰 수염을 턱 아래 드리운 것만 조금 깎고는 그대로 기르기로 하였는데 처음에는 만나는 사람마다 한마디씩인데, 나와 별로 친숙하지 않거나 훨씬 연하자(年下者)들은

—아주 어울리십니다. 모습으로만 뵈어도 시인이십니다. 세상

을 초탈하신 도인이나 신선같이 보이십니다.

하고 찬미를 보내오고, 나의 가족들이나 막역한 친구들은

―그거 얼굴 버려요. 무슨 할 짓이 없어서 그런 궁상을 떠나요?

―자네 영락없이 사교(邪敎) 교주(敎主) 같군. 이제 본색(本色)을 잘 발휘해 보시지!

하고들 핀잔과 비아냥거림이 빗발 같았다.

그리고 어떤 모임에 나가면 화제가 궁할 때는 내 수염을 들먹거리기 일쑤여서 가령 백인회(百人會)* 같은 곳에서는 나의 수염 기른 연유를 공개적으로 해명하라는지라 내가 저런 속사정을 말할 수가 없기에

―여러분이 나를 너무 존경들을 안 해 주셔서 좀 존경을 받으려고……

했더니 한자리의 석동(石童)*께서 일언지하(一言之下)에

―우리 모두 이제부터 구상의 수염만은 존경해 주기로 하지.

하여 조롱의 폭소를 당하기마저 하였다.

세월이 약이랄까! 그럭저럭 7, 8년 지나니 그렁 나의 수염도 자리가 잡혔는지 누구도 포폄(褒貶)간 관심갖는 이가 없게 되어 다행인 셈인데 이즈막 한 가지 께름칙한 것은 어떤 공적 행사장엘 나갈라치면 TV 카메라가 이 흰 수염 얼굴 쪽으로 곧잘 들이댄다.

● 정치현실 : 민정당 창당 발기 10인의 한 사람이 돼 달라고 하였음.
● 백인회 : 각계 인사들이 모인 친목단체로서 고 김활란 여사가 창립하였음.
● 석동 : 아동문학가 윤석중 선생의 아호.

그리고 그것이 방영되는지라 친지들에게서 "TV에서 자주 만난
다"는 인사를 받게 되니 이건 나의 수염 기른 지향과는 생판 어
긋나는 말하자면 역작용인 셈이니 그렇다고 도로 깎을 수도 없
고…… 참, 세상만사 탈 없는 것이라곤 하나도 없다고나 할까!

엿보기

35도를 오르내리는 복더위 한낮
아파트 앞동 7층 거실 마루에
슈미즈바람의 젊은 여인네가
두 다리를 뻗고 퍼질러 앉아서
수박을 통째 숟갈로 파먹고 있다.

뒷채 11층 베란다 망사창에서
흰 수염을 한 늙은이가
이를 바라보면서 군침을 삼킨다.

한참만에 먹기를 끝낸 여인네가
이번에는 한 손으로 슈미즈 자락을 쳐들고
한 손으로 아랫도리에 부채질을 한다.

이를 바라보던 뒷채 늙은이는
눈을 한 번 꼭 감았다 뜨고는
들었던 부채를 소리나게 부치며
돌아서 방으로 들어서니
한산(寒山)과 습득(拾得)＊의 조상(彫像)이 깔깔댄다.

이윽고 베란다에 또다시 나선

늙은이 눈에 비친 앞채 풍경은
옷을 바꿔 입은 여인네가 무릎을 꿇고
어떤 사내와 단정히 마주 앉아 있다.

실망한 듯 돌아서는 뒷채 늙은이는
—여자들은 카멜레온이야,
하고 중얼거리며 도로 방으로 들자
두 스님은 더욱 깔깔 낄낄댄다.

● 한산과 습득 : 중국 당나라 때의 선승(禪僧)들.

민들레

철길 굄목 사이 자갈을 뚫고
돋아난 민들레 한 포기

열차가 지나칠 적마다
먼지와 매연에 눈이 짓무르고
굉음에 귀가 멍멍해지고
가슴이 철렁 내려앉고
반 넋을 잃곤 한다.

그래도 계절따라
잎새를 벌리고
줄기를 뻗고
꽃을 피우고
갓털을 갖추었다.

이제 그 씨앗들은
바람에 날려서
저 푸른 들판에
싹을 틔울 것이다.

민들레

이렁성 저렁성

콘크리트 숲 속
닭장 같은 아파트살이지만
햇볕이 넉넉히 들어
디오게네스 통집에다야
비할 바가 아니다.

앞 뒤 뜰에
듬성듬성 서 있는 나무도
철마다 그 모습을 바꾸며
자연의 조화를 맛보게 하고
몇 포기 국화나 장미꽃도
때마다 나의 넋을 빼앗는다.

들풀이 자라 있는 둑을 걸으며
한강을 바라보는 것이
나의 일과인데
이제는 나도 그 흐름 속의
한 방울의 물이 되어서
나라는 게 없다.

오직 이 안팎에서 만나는 사람들이

마치 경기장에서 달리는 선수들처럼
좀 숨이 가빠 뵈지만
하지만 또 달라지겠지!
내가 소싯적엔 우리 사람들이
너무 느슨해서 탈이었으니까.

이렁성 저렁성
내 인생은 저물어 가는데
예전에는 그렇듯 불안하던 죽음도
엄마의 품처럼 아늑하게 여겨진다.

마음의 구멍

내 마음 저 깊이 어디
한 구멍이 뚫려 있어

저 허공과
아니 저 무한과
저 영원과 맞닿아서

공(空)이라고밖에는
표현할 수가 없는
그곳으로부터

신기한 바람이 불어온다.
신비한 울림이 울려온다.
신령한 말씀이 들려온다.

나는 어린애가 되어
말 이전의 말로
이에 응답할 제

온 세상 모든 것이
제자리서 제 모습을 하고

총총한 별이 되어 빛을 뿜으며

나는 나의 불멸을 실감하면서
삶의 덧없음이 오히려 소중해지며
더없이 행복하구나!

경 대

이즈막 어느 날 저녁 인사동 단골 음식점엘 갔다가 마침 들었던 방 문갑 위에 책 4·6배판만 한 거울이 달린 경대가 놓여 있는 것을 보고 문득 나답지 않은 기특한 생각이 들어 그 집 안주인에게

"저 경대를 이 동네 어느 집에서 파는지 나도 하나 사다 주시구려."

하였더니

"손주딸에게 주시려구요?"

하고는, 모임이 파해 그 집을 나서는데 고맙게도 바로 그 경대를 꾸려 주면서 아예 값을 치를 생각은 말라는 것이었다.

나는 그것을 덜렁덜렁 들고 집에 돌아와 아내에게 호기를 피우며

"이제 늙으막에 영감덕으로 호사를 좀 해 보구려."

하고 내주었더니 아내는 끌러 보고서

"네 살난 향나(香那)에겐 아직 이르니 보관했다 주지요."

라면서 심드렁해하는 것이었다.

실상 아내는 마흔 네 해 전 시집올 때 가져온 큰 경대를 해방 후 월남을 해서 잃고는 일흔이 된 오늘까지 손거울과 벽거울로 지내고 있는데 나의 무심이야 말할 나위도 없지만 명색이 아직도 개업의(開業醫)인 그녀가 경대 하나 장만하려면 못 했을 리야 없지만 천성이 치장과는 담쌓은 사람이라 손거울로 그렁저렁 살고

있는 것이다.

나는 그 며칠 뒤 그 음식점에 운보(雲甫)의 그림이 곁들인 도예(陶藝) 화병 하나를 답례로 가져갔더니

"그래 손주딸내미가 기뻐하던가요?"

하길래

"아직 어려서 경대가 뭣인지 모르더군!"

하고서 속으로 이번엔 정말 노처(老妻)에게 이조시대 모형의 경대를 하나 마련해 주어야겠다고 마음은 먹었으나 아직 이 글을 쓸 때까지 실천은 못하고 있다.

어느 회상

아시아드 육상 3관왕
임춘애 소녀의
TV에 비친 얼굴을 보니
그 표정이 매우 낯익다.

기억을 더듬고 더듬은 끝에
20대 초반 일본 도쿄 유학시절
하숙방 벽에 붙여놓았던
모딜리아니의 여인상을 떠올렸다.

나는 그때 그 애련한 모습이
어찌나 좋고 그립던지
저런 여인네에게 장가를 들겠다고
친구들에게까지 떠벌렸다

마침내 그런 여성은 만나지 못하고
도리어 푸짐한 느낌의 아내와 맺어져
이미 마흔 두 해를 넘긴 이제사
바로 그런 소녀가 나타나긴 했는데……

하기는 괴테는 70에 18세 소녀와

열애(熱愛)를 했다던가?
지난해까지도 생존한 헨리 밀러도
70세에 구애전보(求愛電報)를 쳤다던가?

하지만 나는
글쎄올시다!

거울을 집어보니
오늘따라 흰머리 흰 수염이
더 세어 보인다.

잡 초

지난 가을 어느 날, 내가 하와이대학에 가 있을 때 사귄 미국인 W교수가 서울엘 왔다가 내 서재엘 들러간 일이 있다.

그런데 얼마 뒤 W교수를 내 집에 안내했던 그의 한국인 제자가 짐차에다 각종 화분을 7, 8개나 싣고 와서 내 서재에 들여놓고선 하는 얘기가

—W교수가 선생님 댁에 화분을 사다 드리라고 100불을 부쳐왔어요. 꼭 화분을 사다 드리라구요.

라는 것이다. 나는 그저 "고맙다"면서 수굿이 받았지만 그를 보내고 나서는 실로 오랜만에 웃음보를 터뜨렸다.

실상대로 말하면 이제까지 내 서재 베란다에는 난초 화분 두 개에다 5, 6개의 화분과 화반이 놓여 있는데 그것은 모두가 잡초로서 W교수 눈에는 화분 하나 변변한 것이 없는 나의 서재가 자못 살풍경하게 보였던 것이리라.

하지만 나의 취향에는 저 외국 친구의 극진한 우정의 선물이 요란해서 질리는 데다 이 봄 들어 더욱 현란해질 저 화분들이 버거워서 궁리 끝에 오늘 아침 몽땅 어느 수녀원에다 실어보내고 말았다.

그리고 나는 지금 아주 편안해진 심기(心氣)로 잡초들을 바라본다. 저 이름 모를 들풀들은 어느 해엔가 봄국화가 지고 난 화분에 제풀에 돋아서 제김에 스러지고 나고 하며 이 화분, 저 화반에 번식한 것으로 나는 이 잡초들을 바라보고 있노라면 콘크리트 숲

닭장 같은 아파트 11층 구석방에 앉아서도 고향의 들길이나 산기슭을 거니는 느낌이 든다.

더구나 그 조그맣고 가냘프고 신비한 꽃들을 바라볼 제는 그야말로 '솔로몬의 영화'가 이에 비할 바 아님을 눈물겹도록 실감하는 것이다.

풀꽃과 더불어

아파트 베란다
난초가 죽고 난 화분에
잡초가 제풀에 돋아서
흰 고물 같은 꽃을 피웠다.

저 미미한 풀 한 포기가
영원 속의 이 시간을 차지하여
무한 속의 이 공간을 차지하여
한 떨기 꽃을 피웠다는 사실이
생각하면 생각할수록
신기하기 그지없다.

하기사 나란 존재가 역시
영원 속의 이 시간을 차지하며
무한 속의 이 공간을 차지하며
저 풀꽃과 마주한다는 사실도
생각하면 생각할수록
오묘하기 그지없다.

곰곰 그 일들을 생각하다 나는
그만 나란 존재에서 벗어나

그 풀꽃과 더불어

영원과 무한의 한 표현으로
영원과 무한의 한 부분으로
영원과 무한의 한 사랑으로

이제 여기 존재한다.

인 정

　나에게는 아직 두 돌도 안 된 향지(香枝)라는 외손녀가 있다. 그 애는 달에 한 번씩 이 할애비를 만나러 오는데 올 때마다 몸만이 아니라 마음도 놀랍게 자라서 온다.

　이번에 와서는 아파트 마루방에서 저녁을 둘러앉아 먹는 중인데 제 에미, 할미 무릎을 옮겨다니며 밥을 떠먹고, 떠먹히던 그 녀석이 벌떡 일어나 응접탁자로 가더니 거기 놓인 상자에서 휴지 한 장을 뽑아 들고 이 할애비에게 다가와서는 땀이 난 나의 콧잔등을 닦아주는 게 아닌가!

　귀동냥에 의하면 사람은 20억년 전 단세포생물에서 진화하여 14억년 전쯤에서 어류(魚類)가 되는데 그때 벌써 정을 지니게 되고, 4억 5천만년 전쯤에 이르면 수류(獸類)가 되어서 정이 새끼들에게 미치고, 백만년대에 와서 인류가 되면 비로소 정이 남이나 딴 존재에게까지 미치게 된다는 이야기다.

　이렇듯 남이나 딴 존재에게까지 미치는 인정! 바로 그것이 여타 동물과 인간을 구별짓는 '바로미터'로서 사랑이니, 자비니, 어짐(仁)이니 하는 성현들의 가르침도 실상 저 인정을 발휘하라는 말씀 외에 별 것이 아니다.

　나는 우리 향지의 그 티 없는 인정에 접하고 벌써 여러 날을 감격하고 행복해 있다. 그리고 잘 쓰지 않아서 짐승의 정처럼 무디어진 나의 인정을 부끄러이 여긴다.

추풍령(秋風嶺)

추풍령
산비탈에
이름도 모를 산꽃 한 무더기가
눈에 스친다.

모시 치마 저고리 차림의
옆자리의 아리따운 여인이
정겨운 목소리로

"아유 저 꽃 좀 봐!
아름답기도 하여라!"

수로(水路) 부인의 탄성을 발한다.

나는 흰 턱수염을 쓰다듬으며
천삼백 년 전 그 노인*을
오늘 이 자리에다 떠올리며,

오늘의 나를 천삼백 년 전
동해 산기슭 그 자리에다 떠올리며

달리는 고속버스 속에서
저 혼자 섭섭해하고
저 혼자 히죽거린다.

● 그 노인 : 향가 〈노인헌화가(老人獻花歌)〉 설화의 주인공.

발현(發顯)

나, 여기 금강산 끝줄기 중턱
3백 년 옛 건물이 낡고 헐다 못해
기둥과 벽이 함께 기울어 있는
미타암(彌陀庵) 툇마루에 앉아 있다.

바람소리
물소리
새소리
아예 인기척은 없고
가끔 마당을 가로지르던
다람쥐가 빠끔히 쳐다본다.

한나절을 이렇게 앉아서
기암(奇岩) 수(壽)바위도 바라보고
멀리 동해도 바라보고
떠가는 흰 구름도 바라보다
무심히 마당엘 내려서는 순간

이 어쩐 신이(神異)런가?
어머니가
40년 전 저 이북 고향에서 헤어져

돌아가셨다지만 그 무덤도 알 길 없는
어머니가

신록에 덮인 선화봉(仙花峯) 위 하늘에
마치 루르드*에 발현하신 성모(聖母)처럼
후광(後光)에 감싸여 서 계신 게 아닌가!

너무나 영절스런 모습이라
눈을 비비고 눈물을 닦으며
앞으로 몇 발짝 다가가니
아이고, 그만 사라지신다.

어머니이……

● 루르드 : 프랑스 남서부 피레네 산맥 기슭에 있는 마을.

한가위

어머니
마지막 하직할 때
당신의 연세보다도
이제 불초 제가 나이를 더 먹고
아버지 돌아가실 무렵보다도
머리와 수염이 더 세었답니다.

어머니
신부(神父)형이 공산당에게 납치된 뒤는
대녀(代女)* 요안나 집에 의탁하고 계시다
세상을 떠나셨다는데
관(棺)에나 모셨는지, 무덤이나 지었는지
산소도 헤아릴 길 없으매
더더욱 애절탑니다.

어머니
오늘은 중추 한가위,
성묘를 간다고 백만 시민이
서울을 비우고 떠났다는데
일본서 중국서 성묘단이 왔다는데
저는 아침에 연미사(煉彌撒)*만을 드리곤

이렇듯 서재 창가에 멍하니 앉아서
북으로 흘러가는 구름만 쳐다봅니다.

어머니
어머니

● 대녀 : 가톨릭의 세례 때 공증인이 된 사람을 대부·대모라 하고 그 당자를 대자·대
  녀라고 함.
● 연미사 : 가톨릭의 제사를 미사라 하고 죽은 이를 위한 제례를 연미사라고 함.

기 도

저들은 저들이 하는 바를
모르고 있습니다.

이들도 이들이 하는 바를
모르고 있습니다.

이 눈먼 싸움에서
우리를 건져 주소서.

두 이레 강아지만큼이라도
마음의 눈을 뜨게 하소서.

끔찍한 느낌

세상 다 아는 얘기지만 신약성서에 바리사이파 사람들이 예수한테 간음을 하다 현장에서 들킨 여자를 데리고 몰려와서

"모세법에는 이런 죄를 범한 사람을 돌로 쳐죽이라고 하였는데 당신 생각은 어떻습니까?"

하고 물었다. 예수는 이 쌍 덫의 올가미를 지닌 질문을 처음에는 몸을 굽혀 땅바닥에 무엇인가를 쓰면서 무관심으로 거절하다가 그들이 하도 대답을 재촉하므로 고개를 들어

"당신들 중에 누구든지 죄 없는 사람이 먼저 저 여자를 치시오!"

하니 이 말을 듣자 바리사이파 사람들은 나이 많은 사람부터 하나하나 가버리고 말았다는 대목이 있다.

우리가 여기서 주목할 것은 예수가 당시의 율법학자나 바리사이파 사람들은 물론이려니와 오늘의 속세법(俗世法)에 젖은 사람들도 흔히 정의와 사랑이 하나인 것을 분리해서 생각하고 죄와 죄인을 혼동해버리는 사고방식을 척결(剔抉)하고 나섰다는 사실이다.

그런데 나는 이즈음 우리의 세상살이를 보고 들으면서 오늘의 우리 서울에 저와 같은 율법과 상황이 벌어졌다면 그 간음한 여자는 말할 것도 없거니와 나자렛 예수도 당장 그 자리에서 돌에 맞아 죽을 것만 같은 끔찍한 느낌이 들어 마음이 어둡고 고약하다.

하느님!
우리를 흉악에서 건져주소서.
하느님!

성모님!

성모님!
하도 망측한 우리의 세상살이
아뢰기도 저어되오나, 이제
저희 스스로는 가눌 바가 없사오니
천상에서 당신의 아드님이신 주님께
부디 한 말씀 드려주십시오.

성모님!
십자가 위에서 주님이 성부께
저들은 저들이 하는 바를 모르오니
용서해 주십사고 청하셨듯
칠죄의 수라장 속에서 아우성치는
이 백성들 또한 용서해 주시도록
천상에서 당신의 아드님이신 주님께
간곡히 당부해 주십시오.

성모님!
저 가나 잔칫집에서
당신이 아드님을 조르시어
맹물로 술을 만들게 하셨듯
우리의 세상살이가 바로잡히도록

천상에서 당신의 아드님이신 주님께
인간적으로 졸라주십시오.

물 량

쇠고기나 도야지 고기도
몇 근이라면 대중이 가지만
몇 그램이라면 어림이 안 간다.

영상, 영하 몇 도라면
날씨가 덥고 추운 것쯤 짐작하지만
기압이 몇백 밀리바라면
돌개바람의 강약을 헤아릴 바 없고
더구나 불쾌지수가 얼마라는데
젠장 상쾌지수는 왜 못 셈하는 건가?

거기다 초속이니 광속이니 하면
아예 골치부터 아파 오고
칼로리 함유량 어쩌고 하면
그 밥상, 입맛이 떨어진다.

심지어 '성감도를 높이려면' 하고
곧잘 신문에 잡지광고가 나는데
하다면 입맞춤의 감미나 기쁨도
수적으로 잴 수 있단 말인가?

모두들 오늘날 수량 세계에 살아서
늙은 나는 시대에 뒤떨어져 있다.
그런데 나에게는 한 가지 물음이 있다.
그렇듯 세상이 물량화에 치달을수록
질의 세계가 빈곤해 가는 것은 왤까?

그리고 그렇듯 수치를 따지면서들
왜 몇만 원의 절도와 몇억 원의 착복이
형량에 있어 그 비율에서 벗어나는가?

신록(新綠)

머리에 흰 서리를 이고
뜨락 은행나무의
신록을 바라본다.

신록을 바라보며
지난 겨울 앙상하기 해골 같던
나목(裸木)을 머리에 떠올린다.

저 싱그럽고 눈부신
푸르름 속 그 어디에
조락(凋落)을 재촉하는 발길이
감춰져 있단 말인가?

저 나무가 해마다 봄이면
소생을 거듭하는 것은 필시
그 뿌리가 성해서이지!

다가오는 너의 죽음도
부활을 누리려면
마음의 뿌리가
썩지 않아야 한다.

저녁놀

　우리 셋이 올림픽공원을 찾은 것은 실로 우연한 일로서 2월 그 믐께 어느 날 친구집 혼례엘 참석들 했다가 식장을 나오니 하도 봄빛이 짙어서 그 채로 헤어져 집에들 돌아가 웅크리고 있기도 무엇해서였다.

　'경로우대증'도 지참들 안했건만 매표소 여직원은 할인요금을 받으면서 우리 일행 중 한 사람을 가리키며 "저 선생님은 '손자 병법' 아니세요"하고 반색을 했다.

　봄이라지만 아직도 누렇게 시들고 마른 채의 잔디와 빈 가지만 으로 앙상하게 서 있는 나무들뿐, 공원 안은 삭막하기 그지없었 고 군데군데 세워져 있는 현대조각이라는 것도 우리 눈에는 멋대 가리 없는 것들이었다.

　한쪽 등성이를 오르니 저편에서 우리 연배의 늙은이가 이 또한 셋이서 흐느적 흐느적 걸어오고 있었는데 시쳇말대로 별 볼일 없 어 보이는 이들이었다.

　—임자는 저 축에나 가 끼지!
　비석(飛石) 형*이 나를 보고 비아냥거렸다.
　—흥, 자신은 저들보다 나은 줄 아시나 보군?

서로가 흰수작을 나눴지만, 또 차림은 우리가 좀 나아 보였지
만 저들은 우리의 에누리없는 거울이었다.

토성(土城)의 자취라는 곳을 지나서 또 한등성이 마루에 닿았
다. 멀리 정자도 보이고 연못도 보이고 돌다리도 보인다. 그렇지
만 이제 셋은 더 걸을 기력이 없다. 지팡이를 짚은 우두(雨杜)*형
이 먼저
　—가봐야 그게 그거지!
　—하기야 동행이 이래서야 더 간들 무슨 정취람!
　내가 동반(同伴)을 헐뜯으니까 비석 형이
　—하다 못해 그 늙은이 여장관(女長官)*이라도 함께 왔던들!
　하여서 모두들 폭소를 했다.

아무리 서로가 투정을 해보았자 이미 자신들이 물 마른 나무들
인데야 봄을 찾아 나선들 그 무슨 신명이 날 리가 있겠는가? 돌
아서서 세 고목(枯木)이 우러른 하늘에는 저녁놀이 해쓱했다.

● 비석 : 소설가 정비석(鄭飛石)
● 우두 : 시인 김광균(金光均)
● 여장관 : 수필가 조경희(趙敬姬)

내 안에 영원이

1

내 안의 울 속에서
밤낮 없이 으르렁대는

저 사나운 짐승의
정체는 무엇일까?

무슨 먹이라도 보았는가?
오늘은 길길이 뛰고 있다.

2

내 안의 바다 위를
정처 없이 표류하는

저 닻 없는 쪽배의
기항지(寄港地)는 어딜까?

파도가 거센가 보다.
오늘은 몹시도 흔들린다.

3

내 안의 허공 속을
끝없이 나래 펴는

저 파랑새의 꿈은
언제 어디서 이뤄질까?

불멸의 그 동산을 그려본다.
영원이 오늘은 내 안에 있다.

배암 나오라

풍곡(豊谷) 성재휴(成在休) 화백의
회고전 개막식장엘 갔더니
70평생의 대표작을 모은지라
호암갤러리 1, 2층이 빼곡했다.

그와 함께 전시장을 돌면서
내가 한 마디 없을 수 없어
"이거 정말 임자 궁리로 다 그린 건가?"
하고 덕담(德談)을 했더니
"더러 남의 것 베낀 것도 있고!"
라는 그다운 응수다.

또 가다가 이번에 둘이는
〈배암 나오라!〉라는
그림 앞에 섰다.

쟁반만 한 둥근 달밤
넙적바위만 한 개구리 한 마리가
엉덩이를 깔고 뒷다리를 내뻗고 앉아
남산만 한 배를 불룩 내놓고는
왼쪽 앞다리를 내뻗친 발바닥에다

가득 찬 큰 컵 술잔을 올려놓고는
왕방울 눈에 입을 찢어지게 벌리고
도연(陶然)해 있는 진기한 정경……

"이거야 임자 자화상이로군!"
"음. 자네가 이 도저한 경지를 알까?"
"그야 정도(正道)에는 아둔하지만 주도(酒道)사!"

둘이는 마주보고 껄껄대다
"임자. 요새 술 하나?"
"작별했어! 자네는?"
"나도 못해!"
서로가 서글퍼져서 입을 다물었다.

우화(寓話)

조선조, 명재상 황희(黃喜)가
계집종들의 시비에
―네 말도 옳고
―네 말도 옳다, 고 하니

옆에 있던 마나님이
그 애매모호함을 꼬집자
―부인 말씀도 옳소
하였다는 것이다.

나는 그런 황희의 의중(意中)을
예전에는 헤아리지 못하고
그저 한낱 우스개로 여겼었는데
이즈막 때마다 세상살이 속에서
그와 비슷해진 나를 발견한다.

그리고 나는 그가 그녀들 말의
보다 옳고 그름이나 좋고 나쁨을
결코 몰라서가 아니라
또는 말의 회피나 무마를 위한
목적이나 그 계산에서가 아니라

이미 그는 사람의 소견이나 지혜가
그 어느 것도 불완전하다는 것을
터득했기 때문에 그런 판단중지(判斷中止)*에
나아갔음을 이해하고 공감한다.

● 판단중지 : 철학술어. 어떠한 말이나 주장도 그 반대가 성립되므로 모든 사물에 판단을
  가하지 말아야 한다는 생각.

나

내 안에는 내가 둘이다.
아니 어쩌면 셋이다.

내가 밖으로 내보이고 있는 나와
내가 안으로 숨기고 있는 나와
또 스스로도 헤아릴 바가 없는
무의식 속의 내가 따로 있다.

오늘도 거리 어느 이발관에서
머리를 깎고 면도를 한 뒤
소녀가 안마를 해 주는데
그 손길이 내 사추리에 닿자
"못 써" 하고 이를 피하려는 나와
다시 한번 스쳐주기를 바라는 내가
서로 한참이나 승강이를 했다.

저런 마음 속 두 나의 싸움이야
노상 있는 일이라 그렇다치고
이즈막 어느 밤 꿈자리에서는
생판 낯선 여인네와 어울리다
망측스럽게도 몽설(夢泄)을 했으니

이건 또 어떤 나의 짓다리런가?

그래서 그 셋 중 어느 내가
참인지 거짓인지, 선한지 악한지
과연 어떤 내가 나의 실체인지
알다가도 모를 일인 것이다.

이런 저런 궁리를 하다보면
내가 죽어 심판을 받을 때도
어떤 내가 그 대상이 될는지
그것마저 궁금해지곤 한다.

오늘서부터 영원을

오늘도 친구의 부음(訃音)을 받았다.
모두들 앞서거니 뒤서거니
어차피 가는구나.

나도 머지 않지 싶다.

그런데 죽음이 이리 불안한 것은
그 죽기까지의 고통이 무서워설까?
하다면 안락사(安樂死)도 있지 않은가?

하지만 그것도 두려운 것은
죽은 뒤가 문제로다.
저 세상 길흉(吉凶)이 문제로다.

이렇듯 내세를 떠올리면
오늘의 나의 삶은
너무나 잘못되어 있다.

내세를 진정 걱정한다면
오늘서부터 내세를,
아니 영원을

살아야 하지 않겠는가!

시심(詩心)

내가 달마다 이 연작에다가
허접스런 이야기를 고르다시피 하여
시라고 써대니까

젊은 시인 하나가 하도 이상했던지
"그러면 세상에는 시 아닌 것이
하나도 없겠네요" 하였다.

그렇다! 세상에는
시 아닌 것이
정녕, 하나도 없다.

사람을 비롯해서
모든 것과 모든 일 속의
참되고 착하고 아름다운 것은
모두가 다 시다.

아니, 사람 누구에게나
또한 모든 것과 모든 일 속에는
진 · 선 · 미가 깃들어 있다.

죄 많은 곳에도 하느님의 은총이
풍성하듯이 말이다.*

그것을 찾아내서
마치 어린애처럼
맛보고 누리는 것이
시인이다.

<hr>

* 죄 많은 곳에도 하느님의 은총이 풍성하듯 : 로마서 5장 20절.

시(詩)

우리가 평소 이야기를 나눌 때
상대방이 아무리 말을 치장해도
그 말에 진실이 담겨 있지 않으면
그 말이 가슴에 와 닿지 않느니

하물며 시의 표상(表象)이 아무리 현란한들
그 실재(實在)가 없고서야 어찌 감동을 주랴?

흔히 말과 생각을 다른 것으로 아나
실상 생각과 느낌은 말로써 하느니
그래서 '언어는 존재의 집'*이렷다.

그리고 이웃집에 핀 장미의 아름다움도
누구나 그 주인보다 더 맛볼 수 있듯이
또한 길섶에 자라난 잡초의 짓밟힘에도
가여워 눈물짓는 사람이 따로 있듯이

시는 우주적 감각*과 그 연민(憐憫)에서
태어나고 빚어지고 써지는 것이니
시를 소유나 이해(利害)의 굴레 안에서
찾거나 얻거나 쓰려고 들지 말라!

오오, 말씀의 신령함이여!

이 한 해

풍랑의 갈릴래아 뱃전 같은 이 땅에서
주님만 믿은지라 제정신을 잃지 않고
그렁성 제구실하며 이 한 해를 보낸다.

신병으로 누워서 달포 넘게 시달리고
집안과 세상살이 쓰라림도 많았지만
수굿이 견디고 나니 다행보다 값지다.

이제는 저승에다 아롱진 꿈 그리면서
모든 것 신령하온 그 뜻에다 맡기오매
새해에 태풍 온대도 두려울 것 없구나.

걸레스님

겉도 안도 너덜너덜

그 걸레로 이 세상 오예(汚穢)를
모조리 훔치겠다니 기가 차다.

먹으로 휘갈겨 놓는 것은
달마(達磨)*의 뒤통수,

어렵쇼, 저 유치찬란!

너를 화응(和應)하기엔 실로 되다.

하지만 내 삶의
허덕 허덕 마루턱에서

느닷없이 만난
은총의 소나기.

● 달마 : 여기서는 '달마대사'의 준말이 아니라 범어(梵語)의 진리, 본래의 뜻으로 썼음.

중광의 동자상(童子像)

눈덩이를 굴려서
숯 부스러기를 붙인
애 얼굴,
게다가 배스듬한 코는
가랑잎,

꼬락서니는 저런데
실물보다 영절스러우니
그 아니 조화(造化)런가!

저 동자(童子) 얼굴이 모두에게
왜 이다지 낯익을까?
그야 그럴 수밖에는!

너도 나도 강보(襁褓)에서
엄마의 젖가슴에서
한번은 지녔던 모습,

나도 너도 그 언젠가는
그 언젠가는
되찾아야 할 모습이니까!

중광의 동녀상(童女像)

얼굴의 윤곽도 없고
목도 팔도 없이

박 넝쿨이 엎힌
썩은 초가지붕 같은 머리채 아래
낡은 두 기둥처럼 그어진
먹금〔墨線〕의 몸매,

땅에 떨어져 우연히
가지런하게 놓인 지푸라기 같은
두 눈과 눈썹 아래
채 아물지 않은 생채기 모양의
코,

게다가 붉은 점
앵두 입술도
이지러져 있다.

저런 막된 모습의 여인네가
배밀이 어린것의
제 어미를 쳐다보는

그런 표정을 하고

오관(五官)만으론 감지할 수 없는
사랑의 그윽한 미소를 풍기며
아침 햇빛보다도 순도(純度) 높은
빛을 뿜고 있다.

비너스도 무색케 하는
태(態)를 짓고 있다.

저질 할애비

그 어느 날 옛 여제자로부터 우편으로 소포 하나가 부쳐져 왔다.

그것을 풀어보니 생뚱스레 화장수 병이라, 노처(老妻)에게 내주며

"아마 당신에게 주라는 무슨 화장품인가 보오, 옛소!"

하고 건네주었더니 그녀가 받아서 보고는 도로 나에게 주며

"이건 남자용 로션이에요. 면도랑 하고 나서 바르는 화장수에요."란다.

그런데 나는 그런 몸치장에는 실로 얼뜬 사내여서 거짓말처럼 들리겠지만 칠십 평생 머릿기름은 단 한 번도 발라본 적이 없고 이런 화장수나 크림도 이발관 이외에서는 스스로 바른 적이 없다.

"이제 당신도 그런 것 좀 바르세요. 피부도 늙으면 거칠어지니까요."

"한번 그래 볼까, 그리고서 젊은 여성들하고 데이트도 좀 하고……."

하였더니 옆에서 이 할애비, 할미의 수작을 듣고 있던 아홉 살박이 손녀애가

"할아버지는 저질이야, 저질!"

하고 빽 소리를 지르는 게 아닌가! 그 소리에 우리 늙은 내외는 폭소를 터뜨렸지만 달리 변명할 바도 없어서

“그래, 네 말마따나 이 할애비는 저질이다. 저질!”

하고 말았다. 그 뒤 그 로션병은 세면대 위에 놓였지만 아직껏 손을 못 대고 있다.

아기 예수의 고추

나자렛 예수의 부자지를 본 사람이 있을까?
아마 동서고금 예수의 성상(聖像)이나 성모자상(聖母子像)의 그
림이나 석고상
또는 부조(浮彫)들을 모조리 찾아보아도 있을 성싶지가 않다.
그런데 나는 날마다 아기 예수의 고추를 보고 때마다 이를 어
루만지며 산다.

이제는 한 십 년 되었을까!
그 언젠가는 나와 《유치찬란》이란 시화집까지 함께 펴낸
선(禪)화가 중광(重光) 스님이 그림 한 폭과 도예 한 점을 들고
찾아왔다.
그 묵화에는 십자가에 인물은 없고 선혈만이 뚝뚝 흐르고 있었
고
한편 성모자상 도예에는 그야말로 촌스러운 젊은 아낙네가
고추 달린 어린 아기를 안고 있는데
그 불알이 아주 통통하고 자지는 번데기같이 쪼끄만 것이었다.

그 진기한 선물 중 피를 흘리는 맨나무 십자가상은
불란서에서 사는 시인 신부님에게 선물을 했더니 아주 감격해
하셨고
성모자상은 나의 거실 나의 옆자리에 항상 놓여있는데

손님 거의가 아기 예수의 고추에 대해서는 무심하고
나 또한 구태여 설명할 것도 없어 나 홀로 바라보고
또한 가끔 어루만지며 더없이 즐기고 더없이 사랑한다.

저작 연보

1946   북한 원산에서 시집 《응향》에 작품이 수록되어 필화를 입음.
1951   시집 《구상》 펴냄.
1953   사회평론집 《민주고발》 펴냄.
1956   시집 《초토의 시》 펴냄.
1960   수상집 《침언부어(沈言浮語)》 펴냄.
1975   《구상 문학선》 펴냄.
1976   수상집 《영원 속의 오늘》 펴냄.
1977   수필집 《우주인과 하모니카》 펴냄.
1978   신앙 에세이 《그리스도 폴의 강(江)》 펴냄.
1979   묵상집 《나자렛 예수》 펴냄.
1980   시집 《말씀의 실상》 펴냄.
1981   시집 《까마귀》, 시문집 《그분이 홀로서 가듯》 펴냄.
1982   수상집 《실존적 확신을 위하여》 펴냄.
1984   자전 시집 《모과 옹두리에도 사연이》, 시선집 《드레퓌스의 벤취에서》
        펴냄.
1985   수상집 《한 촛불이라도 켜는 것이》, 서간집 《딸 자명에게 보낸 글발》,
        《구상 연작시집》 펴냄.
1986   《구상 시전집》, 수상집 《삶의 보람과 기쁨》 펴냄. 파리에서 불역(佛
        譯) 시집 《타버린 땅》 펴냄
1987   시집 《개똥밭》 펴냄.
1988   수상집 《시와 삶의 노트》, 시집 《다시 한 번 기회를 주신다면》, 시론
        집 《현대시창작 입문》, 이야기 시집 《저런 죽일 놈》 펴냄.
1989   런던에서 영역(英譯) 시집 《타버린 땅》 펴냄. 시화집 《유치찬란》 펴냄.
1990   한영대역(韓英對譯) 시집 《신령한 새싹》, 영역(英譯) 시화집 《유치찬
        란》 펴냄.
1991   런던에서 영역(英譯) 연작시집 《강과 밭》 펴냄. 시선집 《조화(造化)
        속에서》 펴냄.
1993   자전 시문집 《예술가의 삶》 펴냄
1994   독일 아흔에서 독역(獨譯) 시집 《드레퓌스의 벤치에서》 펴냄. 희곡 시
        나리오집 《황진이(黃眞伊)》 펴냄.
1995   수필집 《우리 삶, 마음의 눈이 떠야》 펴냄.
1996   연작시선집 《오늘 속의 영원, 영원 속의 오늘》 펴냄.
1997   프랑스 라 디페랑스 출판사로부터 세계 명시선의 하나로 선정되어,
        한불대역(韓佛對譯) 시집 《오늘·영원》 펴냄. 스톡홀름에서 스웨덴어

역(譯) 시집 《영원한 삶》 펴냄. 영국 옥스퍼드 대학 출판부에서 출간한 《신성한 영감—예수의 삶을 그린 세계의 시》에 신앙시 4편이 수록됨.

1998   도쿄에서 일역(日譯) 《한국 3인 시집—구상·김남조·김광림》 펴냄. 시집 《인류의 맹점에서》 펴냄.
2000   한국문학영역총서 《초토의 시》 펴냄. 이탈리아 시에나 대학교 비교문학연구소에서 《구상시선》 펴냄.
2001   신앙시집 《두이레 강아지만큼이라도 마음의 눈을 뜨게 하소서》 펴냄.
2002   시집 《홀로와 더불어》, 시선집 《구상》 펴냄. 구상문학총서 제1권 자전시문집 《모과 옹두리에도 사연이》 펴냄. 이탈리아 시에나 대학교 비교문학연구소에서 《초토의 시》 펴냄.

일반 경력

학력

1938   덕원 성 베네딕도 수도원 부설 신학교 중등과 수료
1941   일본대학 전문부 종교과 졸업

경력

언론계
1942–1945   북선매일신문 기자
1948–1950   연합신문 문화부장
1950–1953   국방부 기관지 승리일보 주간
1953–1957   영남일보 주필 겸 편집국장
1961–1965   경향신문 논설위원 겸 동경지국장

교육계
1952–1956   효성여자대학교 문리과대학 부교수
1956–1958   서울대학교 문리과대학 강사
1960–1961   서강대학교 문리과대학 강사
1970–1974   하와이대학교 극동어문학과 조교수
1982–1983   동 대학교 부교수
1985–1986   동 대학교 부설 동서문화연구소 예우작가
1973–1975   가톨릭대학 신학부 대학원 강사
1976–2000   중앙대학교 예술대학 및 대학원 대우교수
            (전임교수가 되지 않은 것은 2차의 폐수술로 정규 강의를 못 하고
            1주 4시간만 하였기 때문임.)

공직
1986   제2차 아시아시인회의 서울대회장
1991   세계시인대회 명예대회장
1993   제5차 아시아시인회의 서울대회장
그 외
한국 최초 민권수호연맹 문화부장, 국방부 정책자문위원, 독립기념관 이사,
문예진흥원 이사 등 역임

현재
대한민국 예술원 회원
국제펜클럽 한국본부 고문
한국문인협회 고문
성천아카데미 명예원장

상훈
1955 금성화랑 무공훈장
1957 서울시 문화상
1970 국민훈장 동백장
1980 대한민국 문학상 본상
1993 대한민국 예술원상